哈尔滨商业大学应用经济学一级学科建设丛书
国家社会科学基金项目"'丝绸之路经济带'视域下中国—欧亚经济联盟FTA创建研究"（18JL094）研究成果

中国生产性服务业国际竞争力评测及提升策略研究

Research on Evaluation and Promotion Strategy of International Competitiveness of Producer Services in China

杨慧瀛　张　荣／著

图书在版编目（CIP）数据

中国生产性服务业国际竞争力评测及提升策略研究／杨慧瀛，张荣著 . —北京：经济管理出版社，2022.3
ISBN 978-7-5096-8322-4

Ⅰ. ①中⋯　Ⅱ. ①杨⋯ ②张⋯　Ⅲ. ①生产服务—服务业—国际竞争力—研究—中国　Ⅳ. ① F726.9

中国版本图书馆 CIP 数据核字（2022）第 038308 号

组稿编辑：杨国强
责任编辑：杨国强
责任印制：黄章平
责任校对：张晓燕

出版发行：经济管理出版社
　　　　　（北京市海淀区北蜂窝 8 号中雅大厦 A 座 11 层　100038）
网　　址：www.E-mp.com.cn
电　　话：（010）51915602
印　　刷：唐山玺诚印务有限公司
经　　销：新华书店
开　　本：710 mm × 1000 mm/16
印　　张：13
字　　数：201 千字
版　　次：2022 年 4 月第 1 版　2022 年 4 月第 1 次印刷
书　　号：ISBN 978-7-5096-8322-4
定　　价：98.00 元

·版权所有　翻印必究·
凡购本社图书，如有印装错误，由本社发行部负责调换。
联系地址：北京市海淀区北蜂窝 8 号中雅大厦 11 层
电话：（010）68022974　邮编：100038

前 言

进入 21 世纪，各国经济结构发生了深刻变化，服务业发展水平已经成为衡量一国经济现代化程度的重要标志。作为现代服务经济的核心与重要组成部分，生产性服务业在国民经济体系中保持着更快的发展态势，具有更强的产业关联效应和外部溢出效应，在产业转型中发挥着"催化剂"和知识中介的重要作用。从产业链的全球布局看，发达国家主要掌控着研发、设计、商务服务、售后服务等环节，通过产业技术创新和商业模式创新提升产业链话语权并获取超额利润，而发展中国家多数处于低端的制造环节，以较低的劳动成本、较高的资源耗费和较大的环境污染为代价，获取微薄的利润。如何实现由产业链低端向产业链高端迈进？从世界一般规律看，加快发展生产性服务业是最佳选择。生产性服务业的发达程度已成为衡量地区经济发展水平和国家社会现代化水平的重要标志。

伴随中国经济发展进入新常态，产业结构调整升级和经济发展方式转变要取得实质性进展，迫切要求生产性服务业加快发展并发挥重要作用。2014 年 8 月，国务院发布了《国务院关于加快发展生产性服务业促进产业结构调整升级的指导意见》，强调加快发展生产性服务业，是向结构调整要动力、促进经济稳定增长的重大措施，既可以有效激发内需潜力、带动扩大社会就业、持续改善人民生活，也有利于引领产业向价值链高端提升。而在此基础上提升生产性服务业国际竞争力是扩大开放、拓展发展空间的重要着力点，有利于稳定和增加就业、提高发展质量效率、培育新的经济增长点，是推动我国产业结构调整与优化的必经之路。因此，从生产性服务业内涵和特征出发，结合中国发展实际，对中国生产性服务业国际竞争力展开系统、深入的研究具有重要理论和实践意义。

本书综合运用宏观经济学、计量经济学、区域经济学等学科的知识与原理，采用文献分析法、比较分析法、静态分析和动态分析相结合、定性分析与定量分析相结合等方法对中国生产性服务业国际竞争力发展现状、形成机理、评价体系构建、竞争力评价和收敛性分析等内容进行了详细论述。

第一，从生产性服务业和国际竞争力相关研究及理论的演进入手，清楚界定生产性服务业与国际竞争力等基本概念的内涵，并对现有产业国际竞争力分析框架予以继承。同时，对关于生产性服务业国际竞争力现有研究成果加以梳理和评述，发现相关研究的不足，从而明确关于生产性服务业国际竞争力的研究方向。

第二，对中国生产性服务业总体特征和投入产出数据进行全面分析，并与西方七国和金砖国家进行国际比较分析，从而客观地评价中国生产性服务业发展水平，并浅析中国生产性服务业发展相对滞后的原因。

第三，结合生产性服务业的产业特征以及中外生产性服务业发展模式，详细阐述生产性服务业国际竞争力的竞争要素，构建生产性服务业国际竞争力形成机理的概念模型和推动生产性服务业国际竞争力提升的"双轮"驱动作用机制。

第四，构建生产性服务业国际竞争力有效评价体系，并确定对生产性服务业国际竞争力产生重要影响的关键指标。在此基础上，运用数据包络分析法对中国生产性服务业国际竞争力进行评价，并利用收敛理论对其趋势进行判断。

第五，针对评价结论，提出提升中国生产性服务业国际竞争力的原则和发展思路，并从提升生产性服务业知识吸收与创新能力、全面提升生产性服务业产业运行效率、提高生产性服务业产业外向度、增强要素供给能力培育竞争优势、增加生产性服务业有效需求及增强生产性服务业产业环境支撑能力等方面提出提升中国生产性服务业国际竞争力的对策建议。

本书的创新之处在于运用产业国际竞争力理论，将生产性服务业作为研究对象，分析生产性服务业国际竞争力的竞争要素，构建了以知识吸收和创新能力为核心，以产业竞争实力、产业竞争潜力和产业竞争环境为动力源的生产性服务业国际竞争力形成机理的概念模型，并提出了推动生产性服务业国际竞争力提升的"双轮"驱动作用机制。在规范的理论指导下，构建相对完整、合理、有效的生产性服务业国际竞争力评价体系，并对中国生产性服务业国际竞争力进行评价和趋势分析，使理论分析和实践研究密切结合，为后续生产性服务业国际竞争力的研究奠定了基础，也为生产性服务业相关政策的制定提供了参考。

在本书完成的过程中，感谢各位专家、同事、朋友们提出的宝贵意见，为进一步完善本书内容提供了非常重要的帮助。但由于笔者水平有限，编写时间仓促，书中错误和不足之处在所难免，恳请广大读者批评指正。

目 录

1 绪论 ·· 1
　1.1 研究背景 ··· 1
　1.2 研究目的和意义 ·· 3
　1.3 国内外研究现状 ·· 6
　1.4 研究方法 ··· 15
2 相关概念与基础理论 ··· 17
　2.1 生产性服务业内涵与外延的界定 ································· 17
　2.2 产业国际竞争力概念界定 ·· 30
　2.3 产业国际竞争力的基础理论 ······································· 32
　2.4 产业国际竞争力的分析框架 ······································· 44
　2.5 本章小结 ··· 52
3 中国生产性服务业发展现状及国际比较 ······························ 54
　3.1 全球生产性服务业发展特征与趋势 ····························· 54
　3.2 中国生产性服务业发展总体特征 ································ 58
　3.3 中国生产性服务业发展投入产出数据分析 ···················· 67
　3.4 中国生产性服务业发展的国际比较 ····························· 76
　3.5 中国生产性服务业发展相对滞后的原因分析 ················· 84
　3.6 本章小结 ··· 85
4 生产性服务业国际竞争力形成机理分析 ······························ 87
　4.1 生产性服务业的特征 ·· 87

4.2　中外生产性服务业发展模式分析 …………………… 90
　　4.3　生产性服务业的国际竞争力竞争要素分析 ………… 100
　　4.4　生产性服务业国际竞争力形成机理的概念模型 …… 105
　　4.5　生产性服务业国际竞争力提升的作用机制分析 …… 113
　　4.6　本章小结 …………………………………………… 115
5　生产性服务业国际竞争力评价指标体系构建与评测 ……… 116
　　5.1　生产性服务业国际竞争力评价指标体系构建 ……… 116
　　5.2　生产性服务业国际竞争力评价指标体系评测 ……… 125
　　5.3　本章小结 …………………………………………… 138
6　中国生产性服务业国际竞争力评价及收敛性分析 ………… 139
　　6.1　中国生产性服务业国际竞争力的评价 ……………… 139
　　6.2　生产性服务业国际竞争力的收敛性分析 …………… 148
　　6.3　本章小结 …………………………………………… 153
7　提升中国生产性服务业国际竞争力的发展思路及对策 …… 154
　　7.1　提升中国生产性服务业国际竞争力的原则 ………… 155
　　7.2　提升中国生产性服务业国际竞争力的发展思路 …… 156
　　7.3　提升中国生产性服务业国际竞争力的对策 ………… 159
　　7.4　本章小结 …………………………………………… 172
8　结　论 ………………………………………………………… 173
附　录 …………………………………………………………… 176
　　附录A ………………………………………………………… 176
　　附录B ………………………………………………………… 181
参考文献 ………………………………………………………… 191

1 绪 论

1.1 研究背景

20世纪以来，随着生产力的发展，世界各国的第三产业呈现迅速发展、后来居上的态势。经济越发达，居民越富裕，第三产业比重越高，第三产业的兴旺已成为全球性的发展趋势。第三产业迅速增长受生产率、消费结构和生产结构等因素的影响。工农业劳动生产率的提高为劳动力由工农业转移到服务业提供了条件。收入和闲暇时间的增多使消费结构中服务消费比重上升，促进了生活服务业的发展。生产的社会化、信息化、市场化和国际化导致生产结构中的生产性服务增长，带动了生产性服务业的发展。

在新技术革命的推动下，伴随全球产业结构"工业经济"向"服务经济"转型的总趋势，信息服务、金融服务、研发及科技服务、专业服务等第三产业中的生产性服务业迅速崛起，并成为发达国家的支柱产业。这些行业具有知识密集、技术密集、信息密集、人才密集的特点，是知识经济的先导产业，代表着服务业乃至世界经济的未来发展方向。生产性服务业与制造业不断融合，协同发展，在制造业的价值链中占据了重要位置。随着经济全球化和制造业在国际间的加速转移，发达国家在输出制造业的同时，连带输出了对制造业具有较强依附和跟随特征的生产性服务业，使得生产性服务业明显加快了跨区域和跨境流动的频度及力度。生产性服务业的国际竞争力已成为衡量一国贸易甚至综合竞争实力的重要指标之一，开始受到研究的关注。

第三产业的壮大发展，是中国改革开放以来产业结构不断调整、优化最鲜明的特征。统计显示，1979~2013年，中国第三产业增加值年均实际增长10.6%，高出同期GDP增速1个百分点。随着中国工业化从中期向后期推进，以制造业为代表的第二产业增速总体持续放缓，而第三产业呈现加速发展的良好态势。2013年，我国第三产业总量和GDP占比均超过第二产业。当前，中国仍处在工业化的进程之中，工业化是第三产业高速发展的基础条件。第三产业尤其是生产性服务业发展对于支撑制造业创新、升级起着决定性作用。加快发展生产性服务业符合经济发展的客观规律，更是产业结构调整升级的重要抓手。

中国政府对服务业重要性的认识逐步加深，产业政策逐渐向服务业尤其是生产性服务业倾斜。20世纪90年代，国家引导发展的支柱产业为机械电子、石油化工、汽车制造和建筑业等工业部门。进入21世纪后，决策部门开始认识到发展服务业尤其是生产性服务业的重要性。2006年的《国民经济和社会发展第十一个五年规划纲要》（以下简称《十一五规划纲要》）明确提出"拓展生产性服务业"，要"大力发展主要面向生产者的服务业，细化深化专业化分工，降低社会交易成本，提高资源配置效率"。为了进一步促进生产性服务业的发展，2007年3月，国务院公布了《关于加快发展服务业的若干意见》，要求"大力发展面向生产的服务业，促进现代制造业与服务业有机融合、互动发展"。2011年的《十二五规划纲要》提出，要"把推动服务业大发展作为产业结构优化升级的战略重点。深化专业化分工，加快服务产品和服务模式创新，促进生产性服务业与先进制造业融合，推动生产性服务业加速发展"。为加快重点领域生产性服务业发展，进一步推动产业结构调整升级，2014年8月国务院发布了《国务院关于加快发展生产性服务业促进产业结构调整升级的指导意见》（以下简称《指导意见》），强调加快发展生产性服务业，是向结构调整要动力、促进经济稳定增长的重大措施，既可以有效激发内需潜力、带动扩大社会就业、持续改善人民生活,也有利于引领产业向价值链高端提升。《指导意见》进一步明确现阶段我国生产性服务业应重点发展研发设计、第三方物流、融资租赁、信息技术服务、节能环保服务、检验检测认证、电子商务、商务咨询、服务外包、售后服务、人力资源服务和品牌建设。

在此基础上,《国务院关于加快发展服务贸易的若干意见》(国发〔2015〕8号文件)中提出,我国服务贸易发展较快,但总体上国际竞争力相对不足,仍是对外贸易的"短板"。大力发展服务贸易,是扩大开放、拓展发展空间的重要着力点,有利于稳定和增加就业、调整经济结构、提高发展质量效率、培育新的经济增长点。为适应经济新常态,应加快发展服务贸易,巩固旅游、建筑等劳动密集型服务出口领域的规模优势;重点培育运输、通信、金融、保险、计算机和信息服务、咨询、研发设计、节能环保、环境服务等资本技术密集型服务领域发展,既通过扩大进口满足国内需求,又通过鼓励出口培育产业竞争力和外贸竞争新优势。

在上述背景下,本书选择以中国生产性服务业国际竞争力作为研究对象,对中国生产性服务业国际竞争力进行全面分析和探究。

1.2 研究目的和意义

1.2.1 研究目的

"十三五"期间,中国经济发展进入新常态,向形态更高级、分工更复杂、结构更合理阶段演化,产业结构调整升级和经济发展方式转变要取得实质性进展,迫切要求生产性服务业加快发展并发挥重要作用。从国际形势看,金融危机后出现了国际新一轮经济调整,服务业跨国投资和离岸服务外包继续加速向中国转移,为我国生产性服务业发展创造了机遇。提升生产性服务业国际竞争力、发展生产性服务贸易是转变外贸增长方式的重要方面,也是推动我国产业结构调整与优化的必经之路。

本书确立的研究目标和思路是，在借鉴现有研究成果的基础上，构建符合经济学规范、充分体现中国现阶段特点的生产性服务业国际竞争力评价理论框架，探究生产性服务业国际竞争力形成的机理，并对世界主要国家的生产性服务业国际竞争力进行评价和比较分析，明确中国生产性服务业国际竞争力水平及来源因素的优劣势，进而提出提升中国生产性服务业国际竞争力的发展思路及对策。

1.2.2 研究意义

1.2.2.1 理论意义

产业国际竞争力，作为经济管理中观层面研究主体，是一个国家、一个民族社会发展与进步的关键纽带。它向上联系到国家总体规划的贯彻实施，及国民总体经济的持续发展，向下联结着产业内外企业族群的生存与发展，这是竞争与合作的多层维度、多向角度的互动关系。21世纪前十年发展中，全球各国的产业经济体系，随着经济全球一体化的不断深入，产生出种种错综复杂的竞争与合作关系，产业竞争愈发激烈，并且呈现国际化的发展趋势。因此，产业国际竞争力的评价研究，可以成为"宏观分析"和"微观分析"间的关键联结纽带，并且成为区域分析和国内分析的有效拓展及深化补充。

伴随着"战后"发达国家服务经济的崛起，在第三产业内部非常活跃的生产性服务业成为第三产业经济研究的热点。随着服务经济向纵深发展、经济全球化趋势和服务业市场的开放以及世界各国对服务业规制政策的转变，学者们对生产性服务业的研究不断深化。但关于生产性服务业国际竞争力研究的文献较少，主要处于对现象的描述阶段，对生产性服务业国际竞争力的内在机制等内容探讨不多。本书通过对生产性服务业国际竞争力的研究，可以深化对生产性服务业国际竞争力形成及提升机制的理解，并尝试建立生产性服务业国际竞争力评价理论框架，从而加深我们对生产性服务业的认识。

1.2.2.2 现实意义

（1）生产性服务业国际竞争力的研究对制造业竞争力的提升具有重要意义。中国正处于工业化中后期加速发展阶段，从国际经验看，这个阶段基本是走现代制造业和生产性服务业"双轮驱动"和融合发展的道路。我们应围绕制造业这个"实体经济"大力发展生产性服务业，把高端服务元素嵌入制造业中。这样才能提高制造业的生产率，提高制造业知识和技术含量，走向制造业的精细化和高端化，延伸其产业链向全球价值链高端攀升，真正成为制造业大国和强国。

（2）生产性服务业国际竞争力的研究对推动农业现代化具有重要意义。农业是国民经济的基础，要实现农业现代化，必须树立起全产业链的理念，要强调服务要素与农业全产业链的有效耦合，要把生产性服务要素全方位嵌入农业产业链中。因此，加快生产性服务业发展，提升其产业国际竞争力是实现农业现代化的重要抓手。

（3）生产性服务业国际竞争力的研究对缓解资源环境和劳动就业压力具有一定的现实意义。中国是劳动力资源大国且资源环境承载力比较脆弱。而服务业就业弹性明显高于制造业，且服务业对能源的消耗也远低于制造业。随着公众环境保护意识的增强，更加愿意接受低污染、低能耗的服务业。因此，大力发展生产性服务业，提升生产性服务业国际竞争力，能够有效化解中国劳动力就业压力和资源环境的制约，从而转换经济增长动力、调整经济结构，顺应经济新常态。

（4）生产性服务业国际竞争力的研究将为中国合理确定服务业对外开放程度、协调产业政策和贸易政策提供决策参考。在全球经济一体化背景下，经济外向型发展在服务业结构变动过程中具有越来越重要的作用。本书以中国生产性服务业国际竞争力为主要研究内容，试图探寻服务业的外向型发展和国际竞争力的提升对服务业内部结构优化所形成的倒逼机制，力图通过服务市场开放和服务贸易自由化促进我国服务业水平提升及产业结构的优化。

1.3 国内外研究现状

生产性服务业对经济发展推动功能的凸显，引起了国内外学者的广泛关注。但根据目前掌握的资料，其中关于生产性服务业国际竞争力的系统研究较少，与生产性服务业国际竞争力有关的研究主要集中在以下领域：生产性服务与分工和专业化、生产性服务业的发展机理、生产性服务业的产业关联、生产性服务业发展水平及国际比较、服务业国际竞争力评价、生产性服务业发展的影响因素等。本书拟对国内外相关文献进行概括性的总结和评述。

1.3.1 关于生产性服务与分工和专业化的研究

生产性服务作为中间投入品而发挥的使用价值显示了其交换价值的存在。马克思在《资本论》里就曾讨论过"运输"作为"生产性服务业"活动之一，参与价值创造的问题。"运输业所出售的东西，就是场所的变动，是一种效用。这种效用在生产出来的同时就被消费掉了，没有什么产品保留下来。使用价值在这里表现为非物质的效用被消费了，价值却保存下来，并且有剩余价值落入资本家的钱袋。在商品关系下，这种生产效用的劳动和生产物质产品的劳动同样可以按照等价交换的原则相互发生关系，同样可以形成资本的价值，加入社会财富的积累。"亚当·斯密也曾指出"劳动生产力上最大的增进，以及运用劳动时间时所表现的更大的熟练度和判断力，似乎都是分工的结果"。根据古典经济学的分工理论，生产服务外部化是分工深化、专业化程度提升的表现。Stanback（1981）认为，大企业内部服务功能的专业化使生产性服务获得发展，生产服务对于连接经济系统中不断增长的差异化和专业化的经济行为具有重要作用。Markusen（1982）认为，生产性服务是知识密集型服务，具有规模报酬递增的特性。Katouzian（1970）、Grubel（1989）等认为，奥地利学派的迂回生产理论（The Theory of Roundabout

Production）可以解释生产服务部门的增长。Francois（1990）认为，随着分工的深化，将提高生产专业化程度以及生产服务对于直接劳动的比重。

1.3.2 关于生产性服务业发展机理的研究

国内外专家学者主要从以下几个方面对生产性服务业的发展机理进行研究。

一是从技术关联的视角研究生产性服务业的发展机理。Guerrieri 和 Meliciani（2005）、邹昊等（2006）、原毅军等（2007）认为，在技术关联条件下，生产性服务业与相关产业在发展过程中并非简单的因果关系，而是不断加强的双向互动。

二是从生产性服务业与先进制造业间的关联机制研究生产性服务业的发展机理。Amiti M（2006）、王朝阳（2008）、张益丰（2009）指出，二者间的共生发展模式有利于促进生产性服务业的发展，生产性服务业与先进制造业通过技术、人才、资本等要素在竞争、互惠中实现产业引导和延伸。

三是从经济服务化及竞争力视角研究促进生产性服务业发展的各项条件。夏杰长等（2007）、霍景东（2007）、余道先（2010）认为，生产性服务业外部化、专业化是加快经济服务化的关键。

四是从产业发展趋势和效率视角分析生产性服务业发展的内在机理。毕斗斗（2009）对生产性服务业的演变机理进行了较为全面的理论分析，认为生产性服务业的成长是产业结构升级演变以及服务业内部升级演变的内在规律。Gorg H、Haley A 和 Strol E（2008），冯梅（2009）、路红艳（2009）认为，产业边界的模糊化及产业融合趋势明显。此外，周静（2015）等以纽约、伦敦、东京以及中国长三角地区等都市圈为例，阐释发展生产性服务业的模式，并对生产性服务业产生的动力机制进行了比较研究。

1.3.3 关于生产性服务业产业关联的研究

对于生产性服务业产业关联的研究，国内外学者大都集中在生产性服务业与制造和生产性服务业与服务业的互动关系研究方面。

关于生产性服务业与制造业的关系研究方面，Zysman（1987）认为，因制造业是服务业产出的重要需求部门，所以服务业部门的存在以制造业为基础。Park 和 Chan（1989）、Shugan（1994）认为，生产性服务业与制造业是相互依赖、协同发展、互为基础的关系。Se-Hark Park（1994）、吕政等（2006）、冯泰文（2009）使用经济分析方法对生产性服务业与制造业的互动关系的内在机理进行了深入研究。汪斌等（2007）研究发现，生产性服务业已成为提升制造业竞争力重要的中间投入。陈健等（2008）实证研究表明，制造业行业集聚效应和中间需求的关联性显著影响了中国生产性服务业当前阶段的发展。王建冬等（2010）提出了第四代生产性服务业的概念，认为物联网等高新技术的出现会降低生产性服务业对制造业的依附性。张琰（2012）在对生产性服务业与制造业相互关系研究的基础上，提出了生产性服务业的"产业链协同创新模型"。

随着对服务业的研究逐渐增多，不少服务业研究方向的学者对生产性服务业在服务业中的作用和相互关系展开了研究。Goe（1990）、Juleff-Tranter（1996）等发现，生产性服务业的客户对象主要是其他服务业，而不是制造业，揭示了服务业高于制造业对生产性服务业的需求。Guerrieri 等（2005）利用方差分析法研究制造业与服务业对生产性服务业需求与使用的重要性。夏杰长（2008）认为，服务业发展层次和演变规律要求大力发展生产性服务业，发展生产性服务业是实现服务业结构升级的重要目标。

1.3.4 关于生产性服务业发展水平及国际比较的研究

由于生产性服务业是为生产过程提供中间产品的服务业，近年来，越来越多的学者倾向于采用投入产出法研究生产性服务业发展水平并进行国际比较，以便将服务业中间使用的部分分离出来，克服人为划分行业而导致的片面性。

Marshall（1988）利用1968年和1979年英国投入产出表分析发现，生产性服务用于服务部门的比重呈上升趋势，并高于用于制造业部门的比重。Uno（1989）通过对日本1950~1980年第三产业投入产出分析发现，生产性服务作为服务业的中间投入的比重呈显著上升趋势。Ochel和Manfred（1987）通过对英、德、法等6个国家1975年投入产出表和美国1977年投入产出表进行研究发现，政府部门是生产性服务的重要需求者。李江帆、朱胜勇（2008）采用投入产出法对"金砖四国"生产性服务业的结构、水平和影响进行经验研究。程大中（2008）采用投入产出法对中国和13个OECD经济体的生产性服务业发展水平、部门结构及影响进行了比较研究。研究表明，与OECD经济体相比，中国国民经济中的物质性投入消耗相对较大，而服务性投入消耗相对较小。黄莉芳等（2011）运用随机前沿生产函数模型，对中国生产性服务业的技术效率及影响因素进行分析，分析结果表明，中国生产性服务业技术效率水平较低，规模经济、市场化水平和专业化水平是影响中国生产性服务业技术效率的主要因素。马风华（2012）通过分析发达国家第二产业生产性服务业的发展水平、结构及影响，发现发达国家第一产业和第二产业生产性服务业占生产性服务业的比重不断下降，第三产业生产性服务业的比重不断上升。

1.3.5 关于服务业国际竞争力评价的研究

自20世纪90年代中期以来，学术界开始将服务业与竞争力结合起来作为研究对象，主要集中在对某一服务行业或领域国际竞争力的研究以及服务业竞争力的国际比较方面，但对生产性服务业竞争力的研究显得尤为不足。

在进行制造业国际竞争力的研究时，国内外学者经常采用单个指标或建立指标体系的方法衡量制造业的国际竞争力水平。

1.3.5.1 服务业国际竞争力单指标评价方法的选择

因为数据的可获得性和测度的准确性,采用单个或多个指标衡量服务业国际竞争力方法深受学者们的偏爱,常见指标主要有以下几个:

(1)贸易竞争力指标。经济学之父亚当·斯密最早从绝对优势、绝对成本角度对国际贸易产生的原因进行了分析,认为一国商品或产业在生产成本相对比其他国家的商品或产业具有绝对优势时就会引致产业分工和国际贸易的发生。后经 David Ricardo、Heckscher-Ohlin、Krugman 等学者的不断完善,通过衡量一国产业出口能力表示一国产业国际竞争力已经成为常见方法。显示性比较优势指标(RCA)、贸易竞争指数(TC)、显示性竞争优势指数(CA)、国际市场占有率(MIS)、进出口价格比、产业出口比重(IEP)等是常见的衡量指标。陈继勇和胡艺(2006)对美国产业的显示性比较优势指数进行分析发现,技术创新水平高的产业国际竞争力水平也较高。沈倩岭(2018)、高艳(2019)分析产业集聚与四川、河北产业国际竞争力关系问题时,用 RCA 的方法测算了产业的国际竞争力水平。俞泺、严焰(2012)在研究浙江高技术产业出口竞争力时,利用 MIS、RCA、TC 指数进行测度,得出本地高级技术产业竞争力缺乏的研究结果,并提出相应改进建议。申小琪(2017)通过测算高技术产品出口竞争力 RCA 指标,发现金砖五国中,中国在"计算机","机器、仪器及化学产品"出口方面竞争力明显。

(2)生产效率指标。较多学者认为,服务业国际竞争力提升的根源在于产业生产效率的提高,因而,生产效率水平经常用来衡量服务业的竞争力。任若恩(1998)是中国最早使用生产率的方法衡量产业国际竞争力的学者,他运用产出和生产率相结合的生产法,通过生产率测算一国产业的国际竞争力。金碚(2002)在《中国工业国际竞争力分析》中从市场份额、生产率、投资环境等方面建立分析指标,虽然指标权重及优先级别等方面存在一定缺陷,但在生产率层面的测算较为详尽,为以后服务国际竞争力的研究提供了先行分析。

（3）增加值贸易指标。从 GVC 视角研究，为避免传统贸易统计方法重复计算导致的数据失真性而采用增加值贸易的方法进行计算。聂聆（2014）对比世界部分国家制造业贸易附加值发现，中国制造业附加值总量高于其他国家，劳动密集型产业仍是出口优势产业，高技术产业国际地位提升明显。周升起（2014）通过测算全球价值链地位指数，发现中国制造业在世界制造业中居于劣势地位，而劳动密集制造业仍然处于竞争优势地位。魏浩（2015）利用 RCA 指数测算了中国制造业出口贸易增加值，发现其变化呈倒"V"形。李清如（2017）根据世界投入产出表分析并对比美国、德国、法国与中国高技术制造业在贸易中的优势情况。张珺（2019）通过增加值贸易的计算方法对我国高技术产业的国际竞争力水平进行评价。牛建国（2019）采用增加值贸易方法对我国传统制造业在 GVC 的地位进行测定进而评价 2008 年前后制造业竞争力变化与要素价格上涨间的关系。

1.3.5.2 服务业国际竞争力指标体系评价方法的选择

服务业国际竞争力的单指标评价法往往具有数据收集直接、指标适用度高的优点，但想要更加全面系统地评价服务业国际竞争力，专家学者们往往通过建立综合指标体系进行分析性判断。

目前，分析服务业国际竞争力的理论模型中比较有影响的是迈克尔·波特的"钻石模型"。李军（2004）运用钻石模型从生产要素、需求条件、相关与支援性产业、企业战略、结构与竞争状态等方面对中国服务业的竞争力进行了分析。对于服务业国际竞争力的评价方法，学者们主要使用关键指标评价法和多因素综合指数评价法。黄鹂（2003）使用服务贸易收支和比较优势指数，刘用功等（2004）使用服务业和服务业内各行业的净出口指数，潘江玲等（2004）、封旭红（2005）、周蕾等（2005）、胡昭玲（2006）、邱伟强（2007）、史小芳等（2007）、高浩（2009）主要使用贸易竞争优势指数、显示性比较优势指数、显示性竞争优势指数、国际市场占有率、产业内贸易指数和劳动生产率等指标构建中国服务业国际竞争力的指标评价体系。李兴文（2004）除使用产业贸易竞争指数和国际市场占有率外，还结合服务业就业的出口效应指标分析中国服务业的国际竞争力水平。周蕾等（2005）对全球25个国家和地区的显示性竞争优势指数、贸易优势指数和产业内贸易指数进行聚类分析，进一步证实中国服务业国际竞争力水平较低。

1.3.6 关于生产性服务业发展影响因素的研究

关于生产性服务业发展影响因素的研究日益引起国内外学者的关注。Gruble和Walker（1988）、Markusen（1989）认为，生产性服务业是知识和技术密集型行业，人力资本在其发展中起重要作用。Sagari（1989）将技术差异引入H-O-S模型，研究表明，人力资本和技术差异是各国金融服务贸易比较优势的来源。Goe（1990）认为，研发、广告与设计对生产性服务业变得越来越重要。Cohen（1987）、Guerrieri（2005）认为，生产性服务业的需求源于制造业的需求，二者呈现正相关关系。

汪素芹（2007）、杨玲（2010）、赵书华等（2009）、李霞等（2010）通过实证研究发现，人力资本对中国生产性服务业发展的重要性，提出人力资本规模的扩大和人力资本结构的优化对提升中国生产性服务贸易竞争力具有重要作用。程大中（2008）认为，中国生产性服务业发展落后很大程度上缘于社会诚信、体制机制和政策规制的约束。肖文（2011）认为，需求规模和需求结构等内容的需求因素对生产性服务业发展会产生重要影响。陈艳莹等（2011）认为，生产性服务业国际竞争力受到制造业的中间需求、服务业的互补性需求、成本因素、科技创新能力和服务业市场开放程度等因素的影响。刘书瀚等（2011）指出，出口导向型经济是造成我国生产性服务业严重滞后的重要原因。胡国平等（2012）构建了以市场需求、专业化、城市化、投资额度、制度因素、经济发展水平为影响因子的都市生产性服务业外向发展的理论框架。范陈玉等（2013）采用因子和聚类分析发现，影响生产性服务业发展的主要因素有综合实力因子、外部经济因子、财政因子、消费因子和就业因子。

1.3.7 关于生产性服务业国际化的研究

生产性服务业国际竞争力是生产性服务业国际化研究的重要内容。进入 21 世纪，随着经济全球化进程的加快，生产性服务业的国际化进一步引起学术界和政策制定者的极大关注。

Francois 等（2000）利用 CD 生产函数推导证明了金融服务贸易的发展在不同的规模经济条件下对经济增长的促进作用。Guerrieri 等（2005）认为，制造业部门的国内专业化有助于生产性服务业的出口。Markusen（2005）从企业角度分析了从国际市场上进口生产性服务要素的必要性。Francois 等（2007）考察了服务部门开放与制造业出口整体模式的相关性。Castellacci（2008）指出，在技术进步和创新的推动下，全球产业价值链拆解出来的生产服务活动使生产性服务业的分包变为现实，并极大地推动了生产性服务业的出口贸易。

中国国内学者主要从生产性服务贸易的角度展开相关研究。汪素芹等（2008）研究发现，中国生产性服务贸易出口仍以传统的服务贸易为主，要提升中国生产性服务贸易的国际竞争力，必须先调整中国生产性服务贸易的结构。张彦志等（2009）通过分析发现，中国生产性服务贸易规模的扩大对提升中国货物贸易效益产生积极作用。余道先等（2010）通过对中国 1997~2008 年生产性服务贸易结构和国际竞争力的测算，表明中国生产性服务贸易发展不平衡，结构失衡严重，竞争力薄弱。聂聆等（2011）对中国、印度、俄罗斯和巴西四个国家的生产性服务贸易结构进行了对比分析，并提出中国应加大对知识和技术密集型生产性服务业的发展力度，提升其国际竞争力。成丹等（2011）分析了中国生产性服务贸易与中间产品贸易关系。通过实证分析发现，生产性服务进口对中、低技术密集型的中间产品出口影响较大，但对高技术的出口影响却恰好相反。王影等（2013）利用计量分析方法探讨了收入水平、外商投资、经济规模、货物贸易规模、服务业发展水平、服务贸易开放度等因素与生产性服务贸易竞争力的关系。

1.3.8 国内外研究现状述评

从国内外对于生产性服务业国际竞争力相关研究的综述可以看出，研究成果较为丰富，分析的角度较为广泛。对于生产性服务业内涵和外延界定、产业国际竞争力概念界定、产业国际竞争力基本理论和分析框架等内容已经基本形成体系。但对于生产性服务业国际竞争力的研究，虽然本书从生产性服务与分工和专业化、生产性服务业发展机理、生产性服务业产业关联、生产性服务业发展水平及国际比较、服务业国际竞争力评价、生产性服务业发展影响因素、生产性服务业国际化等角度进行了相关文献的综述，但相关文献大多都不是专门针对生产性服务业国际竞争力问题，仍为本书留有深入研究的空间。

（1）现有研究成果主要从技术关联、交易成本、经济服务化以及产业发展规律特征等方面研究生产性服务业发展内在机理，对于生产性服务业国际竞争力形成的机理还没有学者进行系统研究。因此，本书将在现有研究成果基础上探寻生产性服务业国际竞争力形成和提升的作用机理。

（2）关于生产性服务业国际竞争力的影响因素的研究，现有文献大多只侧重于人力资本、制造业的中间需求等单方面或几个方面的影响因素分析，缺乏对生产性服务业发展和生产性服务业国际竞争力影响因素的系统分析。本书将在充分考虑生产性服务业产业特征及现有发展模式的基础上，系统全面地阐述生产性服务业国际竞争力的内在和外在竞争要素，从而为生产性服务业国际竞争力评价体系的构建提供依据。

（3）现有研究成果中，学者们大多都是使用关键指标评价法来对服务业或生产性服务贸易的国际竞争力进行评价。仅有的把生产性服务业与国际竞争力结合起来的文献中主要是针对某一生产性服务行业（如电信业、金融业等）国际竞争力或生产性服务业国际竞争力国际比较的研究。因此，缺乏对生产性服务业国际竞争力评价体系构建的研究。

由于生产性服务业的独特性，以及发展阶段和国情特点的差异，生产性服务业国际竞争力评价不可能照搬任何已有的相关研究成果。因此，本书将在借鉴以往产业国际竞争力理论和评价方法的基础上，根据产业特点和国家发展阶段等实际情况，对中国生产性服务业的国际竞争力进行系统有效评价，从而进一步提出提升中国生产性服务业国际竞争力的策略建议。

1.4 研究方法

本书综合运用宏观经济学、计量经济学、区域经济学等学科的知识与原理，采用文献分析法、比较分析法、静态分析和动态分析相结合、定性分析与定量分析相结合等方法对中国生产性服务业国际竞争力进行了深入的分析及探讨。

（1）文献分析法。在开始论文研究及写作之前，对现有的生产性服务业国际竞争力相关研究成果进行了查阅、分析和汇总，总结归纳了相关内容。同时，对生产性服务业国际竞争力的研究领域前沿进行了分析与跟踪，奠定了坚实的理论基础。

（2）比较分析法。生产性服务业国际竞争力评价本身是多国比较的概念。本书首先在生产性服务业发展现状部分利用各国投入产出数据对中国生产性服务业发展情况与西方七国及金砖国家进行了比较分析。然后在中国生产性服务业国际竞争力 DEA 评价和收敛性分析部分利用国际数据进行比较研究。

（3）静态分析和动态分析相结合的方法。静态研究方法是抽出时间的因素和变化的过程而相对静止地分析问题的方法，在进行生产性服务业发展国际比较时，主要是对某一时点的投入产出数据进行对比分析，不考虑时间因素对其变化的影响。动态研究方法是通过引进时间的因素，不仅考虑某个时点上的截面数据的系列数值之间的内在联系，还要考虑不同时点上某些变数的影响。本书在进行中国生产性服务业投入产出数据分析以及在进行生产性服务业国际竞争力效率评价时，采用的是动态分析法。

（4）定性分析与定量分析相结合的方法。通过定性分析的方式阐述了中国生产性服务业发展现状和发展相对滞后的原因，对生产性服务业国际竞争力形成机理进行分析，并提出提升中国生产性服务业国际竞争力的对策建议。通过定量分析的方式建立了生产性服务业国际竞争力的评价体系，并进行了效率和趋势分析，其中，主要运用了模糊层次分析、数据包络分析和收敛性检验分析的方法。

2 相关概念与基础理论

2.1 生产性服务业内涵与外延的界定

本书的研究主体为生产性服务业国际竞争力，只有明确相关概念和具体研究对象，才能构建逻辑清晰、脉络顺畅的研究框架。首先对涉及的相关概念予以界定，从而明晰研究对象是一项必要的基础性工作。

2.1.1 国内外学者和机构对生产性服务业内涵的界定

生产性服务业按照其英文释义"Producer Services"或"Producer Services Industry"可以译为三种形式，即生产性服务业、生产者服务业和生产服务业。把这三个名词作为关键词，在 CNKI 和万方数据库进行检索，截至 2014 年，近 35 年的文献检索结果显示，近 80% 的文献将"生产性服务业"作为关键词，而将"生产者服务业"和"生产服务业"作为关键词的文献各占 10% 左右，说明"生产性服务业"的用法在中国学术界占主流地位。因此，本书采用"生产性服务业"这一用法。

在经济学领域最先提出生产性服务业现象的是经济学之父亚当·斯密。他在《国富论》中提出了劳动分工是生产力提高的主要原因，并指出国家富裕程度的提高与生产性劳动和非生产性劳动的比例密切相关。根据亚当·斯密的理论，生产性服务业是人类社会分工不断发展深化的必然结果。近几十年来，国内外学者专家及相关机构相继从不同角度对生产性服务业的内涵进行了阐述。

1962年，Fritz Machlup是首位定义生产性服务业的经济学家，他认为，生产性服务业主要以政府或公司作为其对象，是一种非消费者服务业。美国经济学家H.Greenfield（1966）最早从理论上对生产性服务业进行分类并概括其内涵，认为生产性服务业主要为生产性的企业提供相应的服务，是市场化的中间投入，是为产品的生产者而非最终消费者提供其中间服务产品的服务业。

其后，随着国内外学者对生产性服务业的研究越来越深入，在其概念内涵方面也有了不同的观点，主要从三个角度进行区分，即要素密集程度、服务对象不同和服务功能不同。Browning和Singelmann（1975）认为，生产性服务业的服务对象为公共机构和其他企业，是一种提供专业服务的产业。Gruble和Walker（1989）认为，生产性服务业是中间投入服务业，通过提供中间服务满足商品和服务的生产者的使用需求，可以看作是一种带有服务性的生产资料。Hansen（1990）认为，生产性服务业以货物生产或其他服务投入的方式为上游或下游的活动提供服务，发挥中间功能，其中上游活动可以包括研发活动，下游活动可以涵盖市场。Juleff（1996）认为，生产性服务是为生产制造实体提供所需要的中间投入，能够与传统服务业相区分。Goodman（2002）通过定量分析界定了生产性服务业。基于美国的投入产出数据，得出服务业中间需求率，其中需求率高于60%的行业被认为是生产性服务业。M. Toivonen（2004）从要素密集程度入手，阐述了生产性服务业的特征，主要表现为中间需求型、资金密集型、技术密集型和知识密集型四个方面。

国内对生产性服务业的研究起步相对较晚，李江帆（1981）研究服务产品理论时，首次在国内提到"用于生产消费的服务"的概念，实际上指的是生产服务。随后，李江帆（1990）在其著作《第三产业经济学》中首次在中国提出把第三产业分为Ⅰb副类（生产服务业）和Ⅱb副类（生活服务业）。

国内学者大多沿用了国外学者对生产性服务业的定义，没有过多著作专门探讨生产性服务业的内涵。姚为群（1999）认为，生产性服务业的服务功能不是直接面向消费者和个体,而是通过提供服务给政府管理或生产、商务活动实现的。吴智刚、段杰(2003)认为,可以将生产性服务业看作商品生产的中间投入物,对经济发展是不可或缺的。钟韵、阎小培(2005)认为,生产性服务业通过提供服务给政府管理和生产、商务活动体现其服务功能,是任何工业生产环节中都不可缺少的活动。程大中(2008)认为,那些为生产者提供作为中间投入的服务的部门与行业统称为生产性服务业。李江帆、朱胜勇(2008)以生产和消费框架为基础将服务业做了功能性分类,认为生产性服务业是中间投入的服务业,具体表现在,在生产过程中生产性服务业的产出作为资本要素投入其中,在三次产业生产过程中扮演重要角色。裴长洪、彭磊(2008)提出生产性服务业提供的是市场化的中间服务,具有专业化程度高、知识密集的特点。汪素芹(2008)、顾国达(2010)认为,生产性服务是为社会物质生产提供各种非实物形态的服务性产业,是在生产过程中提供中间服务并采用直接或间接的方式体现服务功能的服务性行业。

各省市政府对生产性服务业的含义也做了界定,以北京和上海为例,从《北京市生产性服务业统计分类标准》中可以找到关于生产性服务业的定义,将其看作是"以市场化的中间投入服务为主导的行业",认为其服务对象涵盖了三次产业,具有经营性和贸易性的特征;而上海的《生产性服务业分类(试行)》认为,生产性服务业从本质上看是一种中间投入,最初的来源是企业内部的生产服务部门,后逐渐发展起来。其主要提供服务的对象是生产经营主体。

2.1.2 国内外学者和机构对生产性服务业外延的界定

从目前的研究成果看,国外学术界对生产性服务业的内涵已经形成了较为一致的观点,但对于生产性服务业外延界定的研究还存在不少差异,尚未形成统一的标准。

Browning 和 Singelmann(1975)将服务生产部门以联合国标准产业分类的方法分为三大类,分别为分配性服务业、消费性服务和生产性服务。其中，分配性服务业包括交通与邮电、运输与储藏、批发与零售等行业；消费性服务分为私人服务、招待与食品服务、杂项服务、娱乐与消遣服务等；生产性服务分为金融业、工程和建筑服务、保险业、法律服务、出版业、信托、会计、房地产和银行等知识密集型专业服务。

Singelmann（1978）在上述分类基础上，又进行了细化的分类，更加反映出服务内部结构随着经济发展的趋势变化。基于服务的性质和功能分为生产者服务、流通服务、个人服务和社会服务四个种类。

此后还有一些比较有代表性的研究，Howells 和 Green（1986）认为，金融、保险、职业、科学服务等行业都属于生产性服务业的范畴。Gruble 和 Walker（1988）将服务业划分为消费服务业、政府服务和生产性服务业三类，其中，生产性服务业主要包括批发贸易、交通仓储、通信、会计、金融、广告等。

国外机构对生产性服务业所包含行业的统计也不一致，美国统计局、美国商务部、英国标准产业分类（SIC）、加拿大行业分类标准（NAICS Canada）等分别制定了生产性服务业的行业界定标准，如表2-1所示。

表2-1 国外学者/机构对生产性服务业外延的界定

作者/机构	生产性服务业的行业范围
Browning 和 Singelmann（1975）	金融业；保险业；银行；信托；房地产；工程和建筑服务；法律服务；会计和出版业
Joachin 和 Singelmann（1978）	银行；信托和金融业；保险；工程和建筑服务业；不动产；法律服务；会计与出版业；其他商务服务
Ashton 和 Sternal（1978）	广告；企业咨询及法律会计；研究开发；会计审计；工程测量与建筑服务
Howells 和 Green（1986）	金融；保险；其他商务服务业；职业和科学服务
Gruble 和 Walker（1988）	批发贸易；交通仓储；通信；会计；金融；广告
Drennan（1989）	商务服务；法律与专业服务；金融；大众传播
Niles（1990）	金融；保险；运输；大众传播；会计；研究开发；资产服务业

续表

作者/机构	生产性服务业的行业范围
Geo 和 Shanahan（1990）	广告；商业银行；会计；不动产；法律服务；研发；技术咨询
O'huallachain 和 Reid（1991）	工程测量及建筑服务；会计审计；金融；保险；不动产
Coffey 和 Bailly（1992）	工程服务；企业管理咨询；会计；设计；广告
Martineli（1991）	资源分配和流通相关的活动；产品和流程的设计以及与创新相关的活动；与生产组织和管理本身相关的活动；与生产本身相关的活动；与生产的推广和配销相关的活动
Lundquist（2008）	科研服务；租赁服务；信息和通信技术服务；金融服务和工业批发服务等
美国商务部（BEA）	商业及专门技术（如电脑、工程、法律、广告及会计服务）；教育；金融；保险；电子传讯；外国政府的服务
美国统计局（BOC）	金融；保险；不动产；商业服务；法律服务；会员组织；其他专业服务
英国标准产业分类（SIC）	批发分配业；废弃物处理业；金融保险；货运业；研究开发；广告；贸易协会的服务
加拿大行业分类标准（NAICS Canada）	交通运输；仓储和通信；批发贸易；金融；保险和房地产；商务服务

资料来源：笔者根据相关文献整理而得。

国内学者对生产性服务业的外延界定也存在不少差异（见表2-2），李江帆（1986）认为，生产者服务业按照其作用点可分为三个层次：一是核心层，如研发、信息、科技、文化创意、生产管理等直接作用于生产过程的生产服务；二是外围层，如商贸、物流、金融、会展等作用于流通过程的生产服务；三是相关层，如商务旅店、餐饮、娱乐、休闲服务等作用于生产者和投资环境的生产服务。阎小培和姚一民（1997）认为，可以将第三产业分为四种类别的服务业，分别为生产性服务业、分配性服务业、个人服务业和机关社会性服务业，而生产性服务业又可以

表 2-2　国内学者和机构对生产性服务业外延的界定

作者/机构	生产性服务业的行业范围
黄俊英（1987）	法律会计服务业；土木建筑服务业；广告业；设计与出版业；顾问服务业
薛立敏（1995）	国际贸易；水上运输；铁路运输；其他运输仓储；金融；保险；通信；设备租赁；经纪；法律工商服务
夏铸九（1996）	国际贸易；运输服务；通信；金融；保险；证券及期货；商品经纪；法律及会计；不动产；土木建筑；租赁；资讯服务
边泰明（1997）	国际贸易；运输服务；仓储；通信；金融；保险；法律及会计；顾问服务；资讯服务；不动产；广告；设计业
阎小培、姚一民（1997）	房地产管理；咨询服务；综合技术服务；金融；保险和企业管理
王玲（1997）	金融保险业；房地产业；信息咨询服务业；计算机应用服务业；科学研究活动；综合技术服务业
李冠霖（2000）	运输及仓储业；通信业；金融保险业；房地产业；商务服务业
段杰、阎小培（2003）	金融保险业；房地产业；信息咨询服务业；计算机应用服务业；科学研究与综合技术服务业；邮电通信与交通运输业；教育、文艺和广播电视电影业；进出口贸易业
夏杰长（2005）	税务服务；审计服务；物流服务；广告和市场研究服务；仓储服务；信息咨询服务；法律服务；会展服务；中介服务；房地产服务；科学研究与综合技术服务；劳动力培训服务；工程和产品维修及售后服务
程大中（2006）	信息服务；金融服务；专业服务；其他服务（如生产性政府服务、教育服务）
高传胜、李善同（2007）	金融保险业；交通运输业；信息传输业；计算机服务软件业；批发零售贸易业；租赁与商业服务业

续表

作者/机构	生产性服务业的行业范围
方远平、闫小培（2008）	金融；保险；房地产；事务所；信息咨询与代理业；计算机综合服务；科学研究与综合技术服务等
香港贸易发展局	专业服务（法律服务、会计、设计、管理咨询、建筑、组装与构造、工程、测量）；信息和中介服务（电讯、电影、广告与市场研究、信息技术服务、出版业）；金融服务（银行、保安、保险、风险投资、债务市场、基金管理）；与贸易相关的服务（会展、进出口贸易、航空运输、海上运输、运费到付、快件、工业检测、仲裁与调解）

资料来源：笔者根据相关文献整理而得。

分为咨询服务、房地产管理、企业管理、金融、保险和综合技术服务等行业。

2006年，我国政府根据近些年专家学者的研究成果，在《十一五规划纲要》中规划了生产性服务业的范围，包括信息服务业、金融服务业、现代物流业、商务服务业和交通运输业等产业。高传胜、李善同（2007）将生产性服务业划分为信息传输业、金融保险业、租赁、计算机服务软件业、商业服务业、批发零售贸易业以及交通运输业等，该划分标准基于中间使用率和非居民消费比例两个定量数据指标。沈家文（2010）研究了生产性服务业的特征，并以消费结构、服务业中间需求率和投资结构三种指标为研究对象进行实证研究分析。

在界定生产性服务业外延的范畴方面，国内外学者对此的研究差异主要是由于研究角度、研究数据统计口径造成的，根据研究需要或在经济发展不同阶段会对外延进行一定的修正和调整。

2.1.3 本书对生产性服务业的内涵与外延的界定

综合国内外的研究文献，尽管国内外专家学者对生产性服务业内涵界定说法各有不同，但其含义基本一致，即"生产性服务业主要提供中间需求性质的服务产品，其服务对象面向生产企业而非最终消费者"，本书也以此作为生产性服务业的内涵。

对生产性服务业外延（行业范围）的界定则存在一定的争议，目前对生产性服务业行业范围界定原则大致可以分为三类：

（1）定性法。定性法分类所依据的标准是生产活动的性质不同，国家统计局于2015年6月制定并颁布了生产性服务业的行业分类标准，目的主要有两个：一是《国务院关于加快发展生产性服务业促进产业结构调整升级的指导意见》（国发〔2014〕26号）和《国务院关于印发服务业发展"十二五"规划的通知》（国发〔2012〕62号）的要求；二是为了便于建立各地区、各部门的生产性服务业统计调查监测体系。其具体的分类情况如表2-3所示。

表2-3　中国国家统计局生产性服务业分类表（2015年）

行业大类名称	行业中类名称	行业小类名称
研发设计与其他技术服务	研发与设计服务	生产性自然科学研究和试验发展/工程和技术研究和试验发展/农业科学研究和试验发展/生产性医学研究和试验发展/专业化设计服务
研发设计与其他技术服务	科技成果转化服务	农业技术推广服务/生物技术推广服务/新材料技术推广服务/其他技术推广服务/其他科技推广和应用服务业/科技中介服务
研发设计与其他技术服务	知识产权及相关法律服务	知识产权服务/生产性法律服务
研发设计与其他技术服务	检验检测认证标准计量服务	质检技术服务

续表

行业大类名称	行业中类名称	行业小类名称
研发设计与其他技术服务	生产性专业技术服务	生产性气象服务/生产性地震服务/生产性海洋服务/生产性测绘服务/矿产勘查服务/工程管理服务/其他生产性专业技术服务
货物运输、仓储和邮政快递服务	货物运输服务	铁路货物运输/道路货物运输/水上货物运输/航空货物运输/管道运输业
	货物运输辅助服务	铁路运输辅助活动/道路运输辅助活动/水上运输辅助活动/航空运输辅助活动
	仓储服务	谷物、棉花等农产品仓储/其他仓储业
	搬运、包装和代理服务	生产性装卸搬运/生产性包装服务/货物运输代理
	国家邮政和快递服务	生产性邮政服务/生产性快递服务
信息服务	信息传输服务	生产性固定电信服务/生产性移动电信服务/其他生产活动电信服务
	信息技术服务	生产性互联网服务/互联网信息服务/其他互联网服务/软件开发/信息技术咨询服务/信息系统集成服务/集成电路设计/其他信息技术服务业
	电子商务支持服务	数据处理和存储服务/互联网销售 非金融机构支付服务
金融服务	货币金融服务	商业银行服务/财务公司 其他非货币银行服务/银行监管服务
	资本市场服务	基金管理服务/期货市场服务 资本投资服务/其他证券和资本服务
	生产性保险服务	生产性财产保险/生产性再保险 保险经纪与代理服务/保险监管服务 风险和损失评估/其他未列明保险活动

续表

行业大类名称	行业中类名称	行业小类名称
节能与环保服务	节能服务	节能技术和产品推广服务/节能咨询服务
	环境与污染治理服务	生产性环境保护监测/环保技术推广服务/生产污水处理和水污染治理/生产性大气污染治理/生产性固体废物治理/生产性危险废物治理/生产性放射性废物治理/生产性其他污染治理
	回收与利用服务	再生物资回收与批发/废弃资源综合利用业
生产性租赁服务	融资租赁服务	金融租赁服务
	实物租赁服务	汽车租赁/农业机械租赁/建筑工程机械与设备租赁/计算机及通信设备租赁/其他机械与设备租赁
商务服务	企业管理与法律服务	企业总部管理/投资与资产管理/单位后勤管理服务/其他企业管理服务/咨询与调查服务/会计、审计及税务服务/市场调查/商务咨询服务
	其他生产性商务服务	广告业/生产性安全保护服务/市场管理/会议及展览服务/办公服务/信用服务/其他未列明商务服务业
人力资源管理与培训服务	人力资源管理	职业中介服务/劳务派遣服务/其他人力资源服务
	职业教育和培训	职业初中教育/中等职业学校教育/高等职业学校教育/职业技能培训
批发经纪代理服务	产品批发服务	农、林、牧产品批发/食品、饮料及烟草制品批发/纺织、服装及家庭用品批发/文化、体育用品及器材批发/医药及医疗器材批发/矿产品、建材及化工产品批发/机械设备、五金产品及电子产品批发

续表

行业大类名称	行业中类名称	行业小类名称
批发经纪代理服务	贸易经纪代理服务	贸易代理/拍卖/其他贸易经纪与代理
生产性支持服务	农林牧渔服务	农业服务业/林业服务业/畜牧服务业/渔业服务业
	开采辅助服务	煤炭开采和洗选辅助活动/石油和天然气开采辅助活动/其他开采辅助活动
	为生产人员提供的支助服务	为生产人员提供的交通服务/为生产人员提供的其他支助服务
	机械设备修理和售后服务	金属制品、机械和设备修理业/生产用汽车修理与维护/计算机和办公设备维修/生产用电器修理
	生产性保洁服务	建筑物清洁服务/其他清洁服务

资料来源：中华人民共和国国家统计局网站，http://www.stats.gov.cn/tjsj/tjbz/201506/t20150604_1115421.html。

（2）定量法。使用定量法的分类标准为行业的中间需求率，而中间需求率主要是运用投入产出表计算得出。使用定量法分类的操作流程如下：将服务业的中间需求率设定出一个标准值，超过该标准值的为生产性服务业，低于该标准值的为其他种类的服务业。Goodman（2002）根据美国2000年的投入产出表，将标准值设定为60%。中间需求率在40%~60%的部门为混合型服务业。大于60%的为生产性服务业。李冠霖（2002）基于中国1997年投入产出数据，将标准值设定为50%，低于50%的服务业为消费性服务业，高于50%的为生产性服务业。《北京市生产性服务业统计分类标准》将标准值同样设定为50%。

（3）排除法。排除法依据的理论基础为国内服务与产品总产值，其主要构成为生产性服务业国内总产值、消费性服务业国内总产值和政府提供的服务总产值。计算生产性服务业总产值只需将国内服务与产品总产值减去其余两项即可。Gruble和Walker（1989）使用排除法计量了生产性服务业的产出。Daniels（1982）等使用排除法界定了生产性服务业外延的范围，并且将生产性服务业看作是消费性服务业以外的服务业。排除法操作简单，但在使用上会有一定的弊端，由于许多服务业（如金融业、流通业等）同时为生产者和消费者提供服务，因此用排除法对生产性服务行业进行界定有一定的困难。

从理论上讲，在上述三种方法中，定量法界定生产性服务业的行业范围是最为科学严谨的，但实施难度较大，因为需要大量的数据分析。并且生产性服务业的范围随着时间的不同、国情的不同、经济发展情况的不同会发生变化，甚至同一行业的性质随着上述几个方面的不同也会发生变化。这也是为什么国际上没有对生产性服务业进行统一制定标准的原因。

为兼顾科学性和可操作性，本书主要参照沈家文（2012）提出的定性分析与定量分析相结合的综合约束条件的界定原则，即应该采用兼顾定性与定量的综合约束条件来判定生产性服务业的界定范围。

从综合的约束条件分析一个产业是否属于生产性服务业，首先，从定性研究分析，要判定该产业是否直接或间接地为企业的生产过程提供中间服务，值得注意的是，生产性服务业是为生产企业提供服务的，而非为最终消费者提供服务。其次，从定量研究分析，判定该产业是否属于中间需求率标准值规定的产业范围，这里我们采用上文提及的Goodman（2002）的标准值，即以中间需求率为60%为标准值，若高于60%，可判定该产业为生产性服务业，若在40%~60%，则为混合型服务业，若小于40%则为消费型服务业。

中间需求率指的是某一产业的中间需求与总需求的比例，计算公式如下：

$$h_i = \frac{\sum_{j=1}^{n} X_{ij}}{\sum_{j=1}^{n} X_{ij} + Y_i} (i = 1,2,\cdots,n)$$

式中，h_i 表示中间需求率；$\sum X_{ij}$ 表示国民经济中第 i 产业对某产品的中间需求量，$\sum X_{ij}+Y_i$ 表示国民经济中第 i 产业对该产品的总需求量。

根据 2007 年中国投入产出表和 2010 年中国投入产出延长表的数据，运用以上公式，可以得出中国服务业各行业的中间需求率，数据如表 2-4 所示。

表 2-4　2007 年和 2010 年中国服务业中间需求率

序号	产业名称	2007 年中间需求率（%）	2010 年中间需求率（%）
1	邮政业	88.42	92.75
2	交通运输及仓储业	77.21	89.78
3	金融保险业	74.72	77.44
4	租赁和商务服务业	77.86	75.12
5	综合技术服务业	73.84	72.65
6	研究与试验发展业	97.47	71.95
7	住宿和餐饮业	57.41	63.81
8	批发和零售业	51.03	54.33
9	文化、体育和娱乐业	52.50	52.63
10	信息传输、计算机服务和软件业	54.99	48.60
11	居民服务和其他服务业	49.55	46.85
12	水利、环境和公共设施管理业	31.23	27.53
13	房地产业	24.90	20.11
14	卫生、社会保障和社会福利业	9.53	7.01
15	教育	9.88	3.87
16	公共管理和社会组织	0.86	0.90

资料来源：根据中国投入产出表数据整理计算得出。

由表 2-4 可知，以 60% 为标准界定值，2007 年，属于生产性服务业的行业有：邮政业、交通运输及仓储业、金融保险业、租赁和商务服务业、综合技术服务业、研究与试验发展业。2010年属于生产性服务业的行业在2007年的计量范围基础上增加了一个住宿和餐饮业。

再根据定量分析的结果进行定性分析，满足判断标准的两个约束条件。由于信息传输、计算机服务和软件业，研究与试验发展业，批发和零售业是以提供中间服务为主的行业，所以即使上述产业的中间需求率低于60%，也应该归属于生产性服务业的范畴，而住宿和餐饮业的服务对象是最终消费者而非生产过程的中间需求者，不符合生产性服务业的基本内涵特征，即使该产业的中间需求率大于60%，也不能纳入生产性服务业。

根据上述分析，我们可以得出如下结论：我国目前阶段的生产性服务业可以包括综合技术服务业，金融保险业，邮政业，交通运输及仓储业，租赁和商务服务业，研究与试验发展业，批发和零售业，信息传输、计算机服务和软件业。考虑到数据的可获得性，并参照我国于2011年11月1日实施的《国民经济行业分类》(GB/T 4754–2011)，可将生产性服务业的外延界定为：租赁和商务服务业、交通运输及仓储和邮政业、金融业、批发零售业、信息传输、科学研究、技术服务、计算机服务和软件业以及地质勘查业。本书在进行数据收集和处理时除了投入产出数据外，其他按行业进行数据统计时均以上述外延界定为准。

2.2 产业国际竞争力概念界定

要界定产业国际竞争力的概念，必须先界定产业的范围，如果产业的概念过于宽泛，则不易于同类之间进行比较。18世纪后期，资本主义大机器工业时代首次出现了产业的概念，在服务于不同经济目的时它的定义和划分也有所不同。我们目前使用最为频繁的三次产业分类是由英国经济学家科林·克拉克于1940年提出的，最开始用于分析经济发展与产业结构变化，随后用于分析经济结构。在产业国际竞争力的研究中，产业的概念无论从产出、生产，还是从经济实体的角度来界定，最基本的内涵都是"同类产品及其可替代产品"。

美国著名学者迈克尔·波特（Michael E. Porter）教授是第一位从产业层次研究国际竞争力的学者，他对于产业的研究观点主要都体现在他所著的竞争三步曲系列书中。分别为1980年的《竞争战略》，1985年的《竞争优势》，1990年的《国家竞争优势》，在书中，他阐述了国家竞争力的形成过程和产业以及产业国际竞争力的概念。他认为国家竞争力是在经济、社会结构和制度等因素共同作用下形成的，并且在发展的过程中需要这些因素的推动和维持，而国家的作用在发展的过程中不断被提高和发挥，最后铸就成为综合的国家竞争力。他认为产业是为生产直接互相竞争产品或服务的企业集合，而产业国际竞争力是国家在某一产业上能为产业内的企业创造获得竞争优势的能力，包括商业环境等方面。

国内学者没有统一界定产业国际竞争力概念的研究成果，主流学者对此的观点主要可以分为以下几个方面：

（1）比较生产力说。金碚（1996）是中国国内第一个从产业角度考察产业国内竞争力的学者。他认为产业竞争力可定义为：在国际贸易自由的前提下，一国以特定的产业在国际市场上持续盈利的能力，主要体现在通过高于别国的生产力为国际市场的消费者提供满足需求的产品。金碚（2002）、周健（2001）、赵洪斌（2004）都认为产业国际竞争力是产业在特定环境下自我生存和发展的能力，其实质是比较生产的竞争力。

（2）竞争优势说。裴长洪（2002）认为，国际产业竞争力是一国特定产业的比较优势和创造的绝对竞争优势的总和。其中，比较优势是指不同区域或国家在不同产业的各自相对竞争优势。绝对竞争优势指市场上比较优势相似的产业，通过比较成本、质量、价格等优势因素判断出各自的竞争力。

（3）能力说。朱建国（2001）认为，产业国际竞争力是在公平自由的国际市场中，一国为寻求有利销售条件和市场条件从而在国际竞争中获取最大利益的能力。庞娟（2001）、张超（2002）将产业国际竞争力定义为，在自由公平的国际市场，各国的同类产业在最终产品的市场上争夺市场份额和生产产品的竞争能力。朱小娟（2004）认为，产业国际竞争力就是一国某产业相比较别国而言，更有效地为消费者提供所需服务和产品的综合能力。

（4）多元多层次说。张金昌（2002）将产业竞争力分为两个层次：一是产业内企业整体的竞争力，二是一国特定产业的竞争力。产业竞争力反映的是同一产业内企业能力之间的差异，不同产业发展环境的差异和产业发展所需条件的差异，也反映了产业市场竞争结构、产业整体素质、产业政策和产业组织结构的差异。郭京福（2004）从国际贸易理论、微观经济学、宏观经济学等角度对产业竞争力进行了界定。魏世灼（2010）从投入、过程、结果三个阶段对产业国际竞争力进行分析，认为它是一国特定的产业在自由贸易的国际市场中表现出的投入阶段的比较生产力、过程阶段的开拓能力和结果阶段的所占地位。

综上所述，产业国际竞争力的含义可以概括为三个方面：

一是不同国家同一产业之间的经济关系；

二是产业内部诸要素，包括生产要素、产业组织结构、相关产业状况及国内外经济环境等都会对产业国际竞争力产生影响；

三是产业国际竞争力不仅表现为在国内国际的市场份额和盈利水平，还通过产业规模的扩大、效率的提高和技术升级等指标来衡量。

2.3 产业国际竞争力的基础理论

2.3.1 马克思经典理论

马克思和恩格斯在阐述商品经济的资本主义再生产过程中，大量论述了关于商品交换、市场与竞争的联系，为竞争力相关理论的研究奠定了基础，具有一定指导意义。

马克思和恩格斯提出，社会必要劳动时间决定在商品生产中商品的价值，而每个生产者因其生产条件不同生产某种商品所耗费的劳动有一定的差别，因此个别劳动者的劳动消耗低于社会必要劳动时间是其商品竞争力的来源。马克思提出用较少的费用进行生产就是减少劳动消耗，从而把提高劳动生产率和降低个人劳动消耗联系起来。同时，马克思还把在市场上争夺更大地盘作为商品生产者加强竞争的标志，从而揭示了劳动生产率和市场占有率是对竞争力具有分析意义的两个评价指标。

在分析社会必要劳动时间的含义时，马克思指出，一种商品的价值能否实现还要看整个社会生产这种商品所耗费的社会劳动总量是否符合全社会实际需要这种商品所应耗费的社会劳动总量。社会必要劳动时间必须通过竞争才能确定，也只有通过竞争，商品生产者才能知道社会对某种商品的实际需求量，并根据实际需要调整生产。这里主要强调需求方面对商品竞争力的影响。

当商品生产过程中劳动内涵不断丰富后，马克思提出了科学技术生产力替代劳动者的直接劳动的观点。在工业化大生产中，科学技术的运用使得由此而产生的新产品具有强大的竞争力，这些新产品的出现使原有同类产品发生无形损耗，从而降低了它们的价值。当无形损耗发生时，"即便原有的机器使用年限不长并且具有同样的生产力，它的价值也不能用实际物化时在其中投入的劳动时间来衡量，而由现在它本身所能提供的必要劳动时间来决定或者更好的机器再生产的必要劳动时间来决定"。马克思科学阐释了科学技术的运用新产品的出现与社会必要劳动时间的联系，即对于竞争力的意义。可见，科学技术运用的潜力和新产品开发的能力是竞争力的重要来源，是企业能否具有竞争力的重要标志。

马克思和恩格斯在其经典著作中，从商品劳动生产率、市场占有率、需求和科学技术应用等方面揭示了商品竞争力的来源，从中可以得到有关竞争力来源的启示，并为后续学者的理论研究奠定了科学基础。

2.3.2 传统比较优势理论

某产业在国际市场上市场份额占有能力的体现就是产业的国际竞争力，传统比较优势理论为解释各国产业国际竞争力大小差别的原因提供了新的想法，各国都拥有各自的资源优势，通过比较得到各国在某些资源方面的优势地位。起源较早的比较优势理论是用各国间商品的比较成本差异来解释各国进行国际贸易原因的一种国际贸易理论，它是自由贸易的理论基石。因为严格来讲，绝对优势理论阐述的是比较优势理论所适用情况的一种特例，因此，传统比较优势理论主要包括：俄林与赫克歇尔提出的各国之间禀赋要素之间的比较导致了各国之间的商品成本的比较的要素禀赋理论，以及大卫·李嘉图创立的比较优势理论和亚当·斯密的绝对优势理论。

2.3.2.1 亚当·斯密的绝对优势理论

绝对优势理论是古典经济学家亚当·斯密（Adam Smith）在1776年提出的，绝对优势理论的提出以其国际分工学为基础。斯密认为，明确的分工能降低商品的生产成本，提高人员利用率即提升劳动生产率，促进国家财富的积累。每个国家的资源要素的差异和生产技术的创新度对商品的生产成本及劳动生产率有着巨大影响，为了实现全球资源的优化配置，最好的贸易策略即是进口本国具有绝对劣势的产品，出口具有绝对优势的产品。在国际贸易中，一个国家的绝对成本优势构成了该国的国际竞争力。但根据这一理论，如果一个国家在两种产品上同时拥有绝对优势，而另一国对于这两种产品都具有绝对劣势，两国将无法进行商品交换。

2.3.2.2 比较优势理论

绝对优势理论有自身的发展局限，因此，1817年，大卫·李嘉图结合并发展了亚当·斯密的理论，在《政治经济学及赋税原理》一书中提出了著名的"比较优势理论"。比较优势理论的出现解释了绝对优势理论中存在的问题，即一国在生产成本均高于他国的情况下，仍与别国发生贸易往来。借此得出，国际贸易的发生不仅是商品生产成本及商品价格的绝对优势，只要生产成本存在差异，即比较成本差异，就会使国际分工和国际贸易的发生成为可能。李嘉图虽然没有明确提出产业竞争力的概念，但实际上指出了具有比较优势的产业及其产品在国际上最具有竞争力。然而，李嘉图并没有找到产生这种比较成本差异的原因，对于国际贸易和国际竞争力形成的解释不清晰，有待继续研究。

动态比较优势理论。邓宁的产品生命周期论是最早将原有的静态比较优势理论动态化演进的理论。1970年后，以 Krugman、Stiglitz、Grossman、Barrt（1991）等为代表的西方经济学家对动态比较优势理论进行了不断的完善和研究。动态比较优势理论对传统理论进行了研究拓展，将技术进步与经济问题相结合，基于发展的眼光动态研究一国比较优势。

完全竞争是传统比较优势理论研究的重要前提假设，但不完全竞争市场也不容忽视。西方经济学中强调的垄断竞争模型认同产品差异化和规模经济共同发挥作用的机理，该理论认为，国际分工的产生源于厂商差异化产品的生产，为获得更大的利润空间，差异化生产需要规模经济降低生产成本而获得竞争优势。杨小凯（1991）和博兰（2001）认为，分工和专业化是内生比较优势产生的重要原因，更是产业竞争力形成的重要源泉。在分工和专业化生产过程中，个人不断获得生产经验的积累和技能的提高，个人资本逐渐形成，此时企业生产由于分工获得了规模报酬的递增，产业比较优势得以显现。

此外，美国经济学家 Romer 和 Lucas 提出了著名的内生增长理论，他们指出，技术创新、技术和人力资本的积累会形成比较优势和竞争优势，这些都是产业国际竞争力的重要源泉。内生经济增长理论将大家对经济增长的提升转到提高自身技术积累、自我创造的方向，因而，政府可以通过增加人力资本投资，促进技术创新和进步等角度实现产业内生增长，进而实现产业国际竞争力的提升。

2.3.2.3 赫克歇尔—俄林要素禀赋理论

20世纪初，国际贸易出现越来越多的新形式，李嘉图的比较优势理论不能很好地解释这些现象，理论中的一些严格假设不再适应时代的发展。陆续有学者提出了不同的见解，发展了比较优势学说。瑞典经济学家埃利·赫克歇尔（Eli Heckscher）与伯尔蒂尔·俄林（Bertil Ohlin）从生产要素比例的差别方面解释了生产成本和商品价格的不同，提出H-O理论（即赫克歇尔—俄林要素禀赋理论），他们认为，本国应该进口具有比较劣势的稀缺要素密集型产品，出口具有比较优势的丰裕要素密集型产品。所以，本国利用要素中具有相对优势的资源进行出口产品的生产，以此形成本国的国际竞争力。如资本资源丰富的国家主要生产的是资本密集型产品，劳动富裕的国家生产劳动密集型产品。这样，将会实现最佳的国际分工，各国逐渐形成具有行业竞争优势的产业。尽管要素禀赋理论并不完善，但该理论能最好地解释产业竞争力的来源，成为解释产业竞争力来源的基本理论。

以上提到的传统比较优势理论把产业的国际竞争力归因于国家间劳动生产率的高低和自然禀赋要素分布的差异，这种优势是先天具有的，而不是后天形成的，因此被定义为外生比较优势理论，19世纪以前，该理论在解释产业国际竞争力方面具有权威性，属于静态的比较优势理论，但随着生产力水平的不断提高，外生比较优势理论的局限性逐渐暴露出来。著名的"列昂惕夫之谜"为学界提出了新的课题，为了更好地解释产业国际竞争现象，许多学者引入了规模经济、产品差异等概念，进一步完善和拓展了传统的比较优势理论。

2.3.3　新贸易理论

传统比较优势理论就具有不同生产禀赋的国家进行贸易的原因给出了合理的解释，但却无法解释大部分国际贸易发生在要素禀赋相同或相近的国家之间（如发达国家之间）以及产业内贸易等情况。20世纪60年代以后，技术差距论、产品生命周期理论等新贸易理论对此进行了解释。

1961年，美国经济学家米歇尔·波斯纳（Michael Posner）在《国际贸易与技术变化》一文中提出了技术差距理论。波斯纳认为，技术是一种不同于劳动、资本、土地等自然禀赋的独立要素，拥有先进技术的国家可以由此产生的产业竞争优势大量出口新产品，国际贸易中，进口成本的增加促使技术落后的国家主动学习，模仿以提高本国的技术水平，从而减少进口。一段时间后，模仿国甚至凭借低廉的劳动力成本优势向技术先进的发明国出口。但当技术先进国家的创新利润完全消失时，其又引入新的产品和工艺流程，开始生产和出口更新的产品，外国生产者又进行模仿，如此反复循环，即国家之间的竞争优势来源于技术创新。

1966年，美国著名经济学教授雷蒙德·维农（Raymond Vernon）和刘易斯·威尔士（Louis Wells）吸收了技术差距论的研究成果，并归纳总结成一篇文章，题名《国际投资和产品生命周期中的国际贸易》，在文中首次提到产品生命周期理论，该理论表明，新产品刚引进生产时要求高度熟练的劳动力来生产，当该产品变成标准化产品后，只要非熟练劳动力就可以生产。这时，比较利益就从技术先进的发明国转移到劳动力成本较低的落后国家。产品生命周期理论是技术差距理论的延伸，解释了国际中产业转移的现象，考察了当周期发生变化时，竞争优势怎样从一国转移到另一国，这使得比较优势理论动态化。Michael Posner（1961）认为，国际贸易的发生源于技术水平不同国家之间的技术转移，这就是著名的技术差距理论。拥有先进技术的国家凭借技术优势实现了新产品的生产及出口，技术落后的国家在进口新产品及引进技术的同时不断模仿、创新，进而生产进口替代品。在产品进入标准化时期后，产品技术更新投入较少，模仿国甚至凭借成本优势和规模优势向技术先进的发明国出口，贸易方向和产业国际竞争优势发生变更。技术领先的国家可以通过进口比自己生产更为低廉的产品替代本国生产，因而实现了成本的节约，进而开启新产品的研发，技术落后国家不断效仿，如此反复，产品生命周期不断更迭，竞争优势不断调整。在吸收并继承技术差距论研究成果的基础上,维农和威尔士提出了产品生命周期理论。该理论认为,新产品的生产需要高技术工人与其匹配,但产品进入标准化生产阶段,普通工人加以培训能够迅速胜任。因而,具有劳动力成本优势的发展中国家接盘获得了具有技术领先优势的发达国家的利益。产品生命周期论归根结底引起国际贸易方向和竞争力变化的是技术的差距。

产品生命周期理论及技术差距论都强调了国家之间技术的转移和产业的转移,一国产业的国际竞争力经常与一国产品生命周期和技术周期呈同步变化趋势。从动态经济学的角度解释了国家之间技术的比较优势,形成了比较优势理论的动态化。

根据新贸易理论的观点,随着产品生命周期和技术周期的不断变化,一国的产业国际竞争力是变化发展的,比较优势会在不同国家间转移。这一理论为经济和技术落后国家参与国际分工及培育产业竞争优势提供了理论支持。

2.3.4 内生比较优势理论

内生比较优势理论在20世纪80年代出现,分别从规模经济、不完全竞争、专业化分工、技术创新等角度探讨了产业国际竞争力的来源。

美国经济学家默瑞·坎普(Murray Kemp)是最早关注规模经济对国际贸易影响的学者,随后保罗·克鲁格曼(Paul Krugman,1989)等继承坎普的研究成果,发展了基于规模经济的贸易理论。该理论把规模经济分为外部规模经济和内部规模经济,认为因为单位产品成本会随着产业生产规模的扩大而下降,因而规模经济与要素禀赋、生产技术一样,也是国际贸易的基础。对于具有显著外部经济的产业来讲,产业规模扩大的同时形成规模经济,规模经济的出现使得产业的价格和平均成本进一步降低,产品生产力不断提高。在国际分工中,率先进入具有外部规模经济特征产业的厂商将获得一定的产业竞争优势。而具有内部规模经济的行业,往往是不完全竞争的行业,不完全竞争的市场结构也是产业国际竞争力的来源。

传统比较优势理论都建立在完全竞争假设基础上，而现实中大量存在垄断竞争、寡头垄断和完全垄断三种不完全竞争市场类型。不完全竞争理论中的垄断竞争模型在国际贸易的分析中已得到了广泛应用，该模型在解释"战后"国际贸易新格局时，强调了产品差异化和规模经济结合在一起的重要性。指出厂商不能生产一个产品的全部系列品种，只能生产差异产品，从而利用规模经济优势而降低单位生产成本，获取竞争优势，这样必然存在国际分工。因此，不完全竞争的市场结构本身可以导致国际贸易分工，影响产业的国际竞争力。规模经济、不完全竞争等理论为产业内贸易提供了一系列理论解释，认为在不完全竞争条件下可以充分实现规模经济利益，规模经济的存在可以使资源与生产技术水平大致相同的国家之间发生贸易。

华裔经济学家杨小凯（2001）的分工与交易成本理论从分工和专业化角度解释了内生比较优势产生的原因。杨小凯认为，随着分工和个人专业化的不断加深，个人知识和生产经验的不断积累使得人力资本形成，出现规模报酬递增。比较优势主要取决于专业化分工的收益与交易成本的权衡，随着专业程度不断提高，专业化分工使收益会逐渐超过分工所带来的交易成本，比较优势逐步显现。因此，分工与交易成本理论认为分工和专业化是内生比较优势的由来，因此成为形成产业竞争力的源泉之一。

此外，以美国经济学家保罗·罗默（Paul M.Romer）和罗伯特·卢卡斯（Robert E. Lucas，Jr.）为代表提出的内生增长理论认为，产业国际竞争力的来源是技术创新、知识和技术积累以及由此形成的人力资本积累所产生的比较优势及竞争优势。

相对于传统比较优势理论的外生性，内生比较优势理论从规模经济、不完全市场竞争、专业化分工、技术进步等角度强调了产业国际竞争力不完全取决于先天比较优势，而更多决定于后天的自我创造和培育，即更多来自于内生比较优势。该理论启示我们，通过加强人力资本培育、促进技术创新、加大政府扶持力度等途径可以提高产业的国际竞争力。

2.3.5 竞争优势理论

竞争优势的概念源于迈克尔·波特教授在20世纪70年代对各种优势理论的研究。波特教授对比较优势理论、技术差距论、产品生命周期理论、规模经济理论等传统的贸易理论提出了质疑，认为这些理论都不能说明产业竞争力的来源。他发现，在产业竞争中，自然禀赋要素已不能成为产业竞争力的决定性因素，其价值在不断下降。规模经济理论确实有它的重要性，但并没有解决如何才能形成国家竞争优势的问题，例如"是否所有的国家都可以发展规模经济？哪些产业可以发展规模经济以实现经济效益最大化？"。"产品生命周期"概念不同于比较优势理论，它是一个动态理论，认为产品的创新受到国内市场的影响，但都在解释国家竞争力方面，这种说法并不完善。因此他认为，新的竞争理论要突破其研究范围，从传统的比较优势理论上升到"国家"层面的竞争优势理论。

波特教授认为，一个国家的竞争优势是逐步建立起来的，最初源于生产力发展水平的优势，进而形成企业、行业的竞争优势，企业、行业间竞争优势的组合，形成了国家的竞争优势。国家的竞争优势决定了一国在世界上的地位，国家竞争优势主要取决于主导产业是否有竞争力。优势产业的形成取决于生产力水平的提高，生产效率的提高，而生产力水平与效率的提高是由创新体制决定的。

波特在研究国家竞争优势理论方面进行了大量的实证研究，将竞争优势分为四个发展阶段。竞争优势理论将国家经济发展分为自然禀赋要素（Factor-driven）导向、投资（Investment-driven）导向、财富（Wealth-driven）导向和创新（Innovation-driven）导向四个阶段。波特认为，设计竞争优势的阶段化主要目的在于清楚地刻画那些促进国家经济繁荣的产业特色。在这四个关系链中，第一、第二、第四阶段是提升国家竞争优势的主要阶段，会给国家带来巨大的资金支持和保障，第三阶段是国家经济的转折点，可能由此衰落或繁荣。对国家竞争优势发展阶段的概略性分类，有助于明确国家与企业在不同时期所面对的问题，以及明确促成经济发展或导致经济衰退的力量。

波特教授提出了影响最为深远、应用范围最广，学术界、国家政府和产业界极力推荐的"钻石模型"理论。波特教授在《国家竞争优势》一书中对"钻石模型"进行了详细阐述，该模型由六个因素组成，包括四个基本因素及两个辅助因素。四个基本因素是：①生产要素，包括自然资源、土地资本、人力资本、知识资源及其他基础的建设性资源；②需求条件，包括客户的需求形态、市场规模以及市场类型、需求转换能力等；③相关产业及上下游产业的发展水平，产业竞争力的提升有赖于相关产业竞争优势的形成与发展，进而提升国际竞争力；④企业结构、发展策略与竞争对手，指企业在国家内部的发展动态、管理水平、组织结构等，是否有较好的竞争市场氛围。两个辅助因素是：①政府。政府既可能是产业发展的助力，也可能是产业发展的障碍。政府在制定产品标准和规格时，会预想到该政策对市场的影响，会影响企业的供给和客户的需求，同时要意识到政府本身就是本国市场最大的客户之一。②机会。可能形成机会，影响产业竞争的情况包括发明创造、基础技术的突破、战争爆发、全球性的金融危机、国际间的政治经济等重大事件等。虽然后来陆续有学者对波特的"钻石模型"提出了许多批评意见，但"钻石模型"的提出为以后的研究开辟了一个全新的视角，为产业国际竞争力的发展提供了最广的理论基础和借鉴。

2.3.6 技术扩散理论

2.3.6.1 技术创新扩散理论

技术创新扩散理论一般认为源于埃德温·曼斯菲尔德（Edwin Mansfield，1980）的研究，其研究认为，技术的扩散过程即是技术的学习和模仿的过程，新技术的影响力通过其他企业的大规模模仿得到推广。当一个企业率先使用创新技术，继而影响到其他企业对于新技术的广泛使用，新技术得以扩散，其中模仿率是创新技术在产业中扩散的关键和衡量指标。

Mansfield 通过对美国制造业创新技术扩散轨迹进行研究后得出了技术创新扩散整体过程呈现出"S"形曲线的结论。一项新技术在最初扩散期，扩散速度由于有限的信息量而减缓，模仿率也较低；使用新技术的企业的增加，加速了技术扩散的速率水平，模仿率也较高；当使用新技术的企业比例增加到较高水平时，技术扩散速度逐渐减缓，技术需求趋于饱和，技术扩散进入"衰退期"；技术扩散的速度继续减缓直至停止。

Mansfield 对美国 1960~1978 年规模最大的 500 家制造业、1000 个一般规模企业和 500 个稍大规模企业抽样 65 个有海外技术转移历史的企业进行研究，并对 65 家企业首次在美国传播到国外发达国家的时间进行记录，大概平均需要 6 年，自美国转移到国外发展中国家时间需要约 10 年，通过专利许可购买、合资企业或其他方式转移的时间约 13 年。对比来看，通过跨国公司由母公司向子公司进行转移的技术扩散渠道更为便捷省时，技术转让和合资等方式使技术创新扩散具有更好的灵活性。技术创新扩散整个周期在不同阶段会持续明显的时间差异，在技术扩散初期需要漫长的过程才能被广泛接受，大概需要 15 年，而进入"起飞阶段"只需 3 年左右即可进入衰退期。Mansfield 的技术创新扩散理论在研究的前提中假设"创新"不随时间的推移而变化，这与实践存在较大的差异，使技术创新扩散理论的广泛传播受到了影响，在其研究基础上，Kalish（1985）、Chatterjee 和 Eliashberg（1990）等进行了不断的补充和完善。

2.3.6.2　技术空间扩散理论

空间扩散理论是瑞典经济学家托斯滕·哈格斯特朗（Torsten Hagerstrand，1953）首先提出的，他认为通过学习和交流，信息能够进行有效流动，这个过程就是技术扩散的过程。在其研究中，Hagerstrand

选定了瑞典移民作为样本，通过计算获得技术创新扩散概率及空间扩散规律。Hagerstrand 研究的前提假设是，技术创新具有空间均质分布的特点，这与非均质分布的实践具有一定冲突，但将空间距离作为影响技术创新扩散的重要研究，引发了空间经济学对创新的研究热情，也将数学更多地引入到创新作用的精准预测。现有技术创新空间扩散的效应总结有以下几个方面：

近郊效应。根据空间经济学的研究可知，距离对技术空间扩散具有重要影响作用，技术扩散的效果与邻近距离间呈现反向变化趋势。通常情况下，距离较近的区域获得信息的能力和速度明显高于距离较远的区域，更易形成技术创新扩散的优势。相对而言，由于信息技术传递的时滞性和信息获取的非对称性，距离较远的区域在技术创新扩散中处于相对劣势地位。因而技术扩散在空间分布上呈现由近至远逐渐减弱的趋势，这种距离与扩散优势反向的变化趋势一般被称为"近郊效应"。

等级效应。技术空间扩散效应一般还与技术扩散承接区域的吸收能力密切相关。吸收能力越强的区域，技术空间扩散效果越显著，反之越弱。区域技术吸收能力与承接区域经济发展水平、技术人才水平、资金状况等有一定关系，因而技术扩散在空间上往往呈现出非均匀变化趋势，这种空间效应一般被称为"等级效应"。

轴向效应。基于扩散要素的空间分布非均质性特征，技术创新扩散效应除具有近郊效应和等级效应之外，还具有明显的"轴向效应"。轴向效应一般指技术创新在扩散中会率先沿着交通干线（轴线）快速传播，同时受信息交流通畅度（轴间）的影响，在轴间区域扩散传播，进而辐射至更大区域。

集聚效应。由于技术创新具有示范性和近郊效应，因而吸收技术创新驱动能力的潜在用户往往会集聚在技术创新传播地区域附近，进而形成同一技术使用用户空间的集聚，这种集聚效应往往被称为技术空间扩散的集聚效应。集聚效应也会促进技术创新和技术扩散，进而形成技术扩散的良性循环。

技术空间扩散轨迹也并非一成不变呈直线传播，由于技术空间扩散效应的多重效应，扩散轨迹也往往呈波浪式、等级空间扩散式、位移空间扩散式等方式。技术创新的空间扩散是"从空间视角对技术传播与扩散进行研究"的新视角，从扩散实践出发，用精准的计算对扩散的效果和趋势进行计算及预测，这对于经济实践具有重大意义。

2.4 产业国际竞争力的分析框架

产业国际竞争力的研究不只是用来研究产业国际竞争力的影响因素和决定性因素，还要发现国家间产业竞争的结果。一般来说，产品或产业的竞争力主要取决于生产技术水平和成本的差异化这两个直接因素，产品差异（性能、品牌、质量等）也是重要的影响因素之一，而这些因素又受许多其他间接因素影响，包括政治、经济、文化、社会等方面。所以，为了更加明确产业国际竞争力的决定性因素，构建一个国际竞争力研究框架可以更好推进研究的进行。

从现有的研究文献来看，中外学者对产业国际竞争力决定因素的研究形成了各具特色的分析框架。

2.4.1 WEF 和 IMD 的竞争力评价体系

世界经济论坛（World Economic Forum，WEF）和洛桑国际管理开发学院（International Institute for Management Development，IMD）是两所对国家竞争力研究最早并且影响也最深远的机构，它们基于国际竞争力的影响因素而设计的方法、评价体系与产业指标体系等在国际间引起了广泛关注。虽然 WEF 和 IMD 的评价体系主要针对国家竞争力的研究，对产业竞争力的探索没有直接的借鉴材料，但产业层次的竞争力评价体系和国家层次的竞争力评价体系有相似之处，并且国家环境也是产业竞争力重要的影响因素之一，在这里进行简要介绍。

1980年,世界经济论坛(WEF)开始讨论国际竞争力问题,1985年与IMD合作,共同出版《世界竞争力年鉴》,阶段性地汇报国际竞争力的研究进程和阶段性研究成果,11年后,由于研究思路出现分歧,WEF与IMD分离,创建新刊《全球竞争力报告》。WEF认为国家竞争力指一国快速而持续改善生活水平的能力。1985~1990年,6年间WEF共采用381项指标,其中的65%为统计指标,其他的为调查指标。1991~1996年,则调整为8类24项指标。1997年,WEF确定了当前反映国际竞争力的四项指数:竞争力指数、经济创造力指数、增长竞争力指数和环境管理体制指数。具体评价中,对国际化程度、政府、金融、基础设施、管理、科技、人力、法规制度共八大类因素进行了定量分析。从2004年开始,WEF则尝试构建统一的全球竞争力指数(Global Competitiveness Index,GCI),试图用这一指数反映国家竞争力的宏观与微观基础及其静态与动态结果,全面反映一个经济体当前的竞争力水平和潜在的经济增长能力。WEF每年提交的关于国际竞争力综合评价的《全球竞争力报告》,所运用的评价理论被研究者认为是当前最新的研究理论。由于其评价的侧重点是一国的经济动态增长,得出的评价结果主要取决于调查对象的看法或评价者的判断,因而具有较强的现实意义和实际价值。

IMD(1996)将国家竞争力视为一个国家创造附加价值,进而增强国民财富的能力,在其每年出版的《世界竞争力年鉴》中通过对各个国家提升产业或企业的环境因素的评价对国家的国际竞争力进行综合评价,并据此对各个国家的国际竞争力状况进行排名。IMD采用的是八大要素体系,其评价指标体系也包括八个层面的内容,它们是:科技实力、人力资源、经济实力、政府政策、基础设施建设、全球化程度、企业经营管理能力、金融实力,每个层面又包括若干方面具体指标(因不断修正,历年评比指标略有不同)。IMD依据它提出的要素体系、指标体系和具体的指标对全球几十个国家和地区的竞争力进行了分析评价,在国际上引起了广泛关注和深远影响。

2.4.2 "钻石模型"及其扩展

美国哈佛商学院的迈克尔·波特教授提出了著名的"钻石模型"理论，他是第一位从产业层面出发研究国际竞争力的经济学家，他提出的"钻石模型"理论为其后学者们的研究提供了建设的基础，其后学者根据研究的需要对该模型进行了变形与改进。

（1）波特（1990）的钻石模型。波特教授为了对产业竞争优势提供一个比较完整的解释，提出了"钻石模型"。如前文所述该模型由四个基本因素和两个辅助因素组成。波特提出的"钻石模型"理论是一个双向的动态系统，他强调，相比较于国家自身拥有的要素，通过创造能力而获得要素的能力更为重要，也更能显示出产业竞争力，这也是国际相关组织评价各国竞争力的一项重要指标。模型的双向强化将模型内部要素联系在一起，要素对产业竞争力的提升有连带效应，即任何一项要素的变动都会对其他要素的状态产生影响，如图2-1所示。

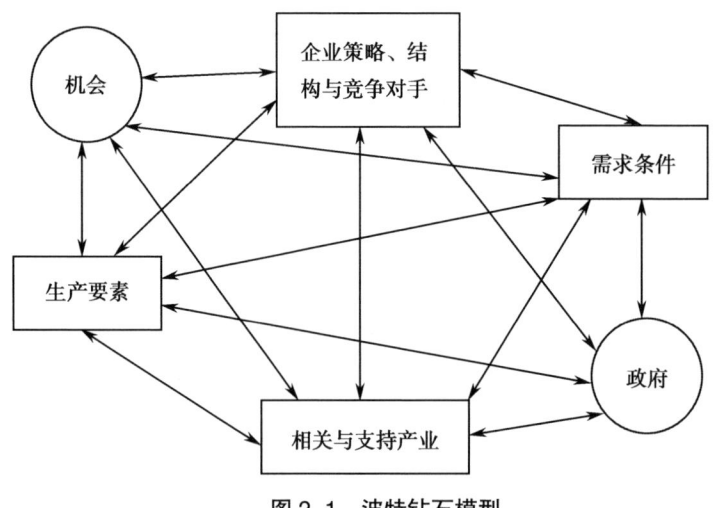

图2-1 波特钻石模型

资料来源：迈克尔·波特. 国家竞争优势［M］. 北京：华夏出版社，2002.

（2）国际化钻石模型。Dunning（1993）认为，在全球化趋势下，许多重要资产（如专利技术）掌握在大型跨国企业手中，这些企业通过海外直接投资或寻找新市场，取得优势和廉价的资源。而国际资金、劳动力与技术的取得或转移方式与以往也大不相同，而这些都是波特的钻石模型没有考虑到的。他认为，跨国公司的活动会对产业竞争力产生影响，所以，他将跨国公司的活动作为又一外生变量加入到钻石模型中，形成新的钻石模型——国际化钻石模型（见图2-2），这样可以将市场全球化和产品价值低估考虑进去，可以更好地分析国家竞争优势的影响因素。

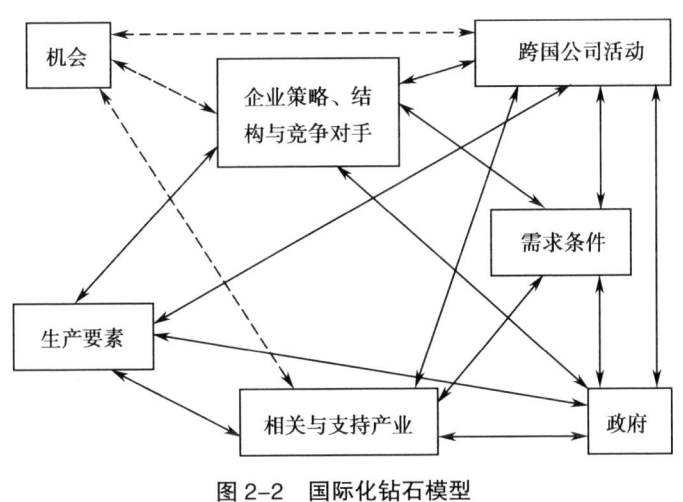

图2-2 国际化钻石模型

资料来源：Dunning, John H. The Diamond Model of Internationalization [J]. Management International Review, 1993（2）: 7-9.

（3）双钻石模型。波特提出的钻石模型适用于开放型贸易活动国家，并且国家的经济规模较小的状况，Rugman 和 Cruz（1993）在对加拿大国家竞争优势的分析中发现，单国钻石模型考虑本国对外的投资与贸易，却忽略了海外直接投资（FDI）对当地国的重要贡献。为了能在与美国主导产业的竞争中生存下来，加拿大本土的经营管理者必须对现有的钻石模型进行改进，将本国模型与美国模型结合起来，进而形成"双钻石模型"，如图2-3所示。

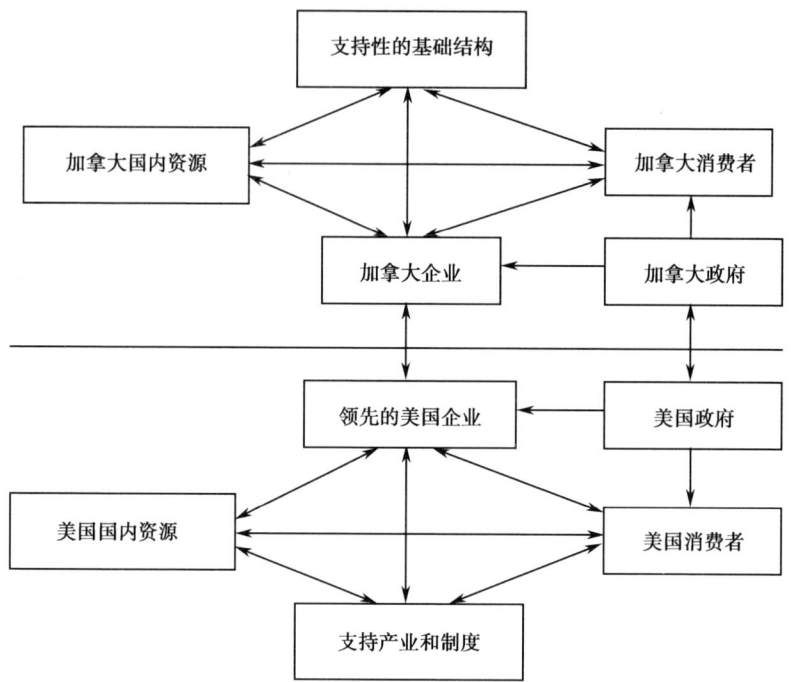

图 2-3　Rugman 和 Cruz 的"双钻石模型"

资料来源：Rugman, Alan M. and J. R. D'Cruz. The Double Diamond Model of Rugman and Cruz [J]. Management International Review, 1993 (2): 7-9.

为了使加拿大企业在参与国际竞争的过程中获取并提升国际竞争力，鲁格曼和克鲁兹对"双钻石模型"进行了改造，形成如图 2-4 所示的北美钻石模型，该模型在将美国产业与加拿大产业组合形成北美企业时，避免过度关注国内北美产业的发展，而忽视了全球市场内其他的竞争对手。

（4）一般化的双重钻石模型。Moon、Rugman 和 Verbeke（1998）发现，波特的钻石模型在研究像韩国、日本、新加坡等小型国家时也存在问题，小国的发展不能只依靠国内的资源和市场，更多地要通过国际市场的带动，促进国家的发展。因此，小国的国家竞争因素部分依靠于全球钻石体系，部分依靠国内的钻石模型体系。为了形成适应小国的钻石模型，穆恩、鲁格曼和沃伯克对 Rugman 和 Cruz（1993）改造的双钻石模型进行进一步改进，形成了如图 2-5 所示的一般化的双重钻石模型。

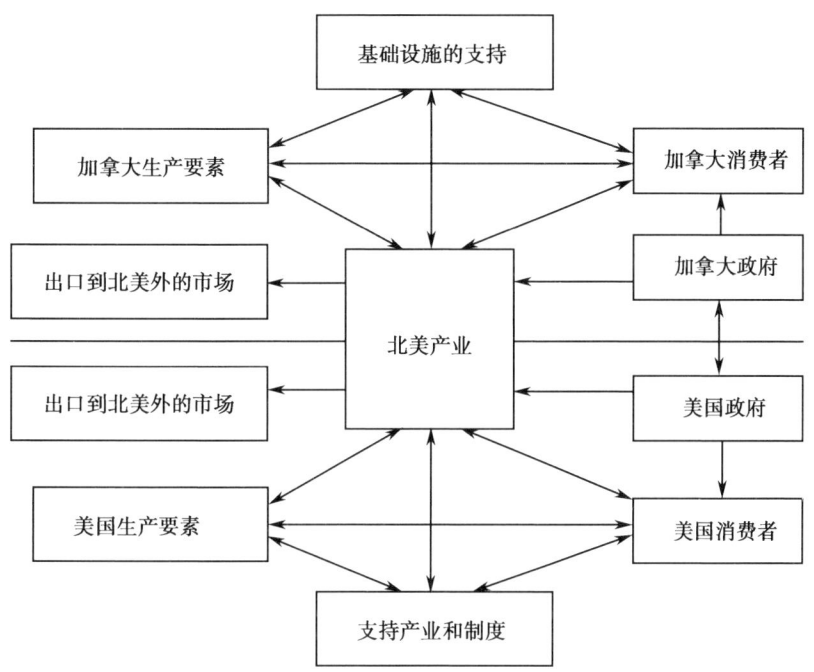

图 2-4 北美钻石模型

资料来源：Moon H.C., Rugman, Alan M.&Verbeke A.The General Double Diamond Model [J]. International Business Review, 1998（7）：7-9.

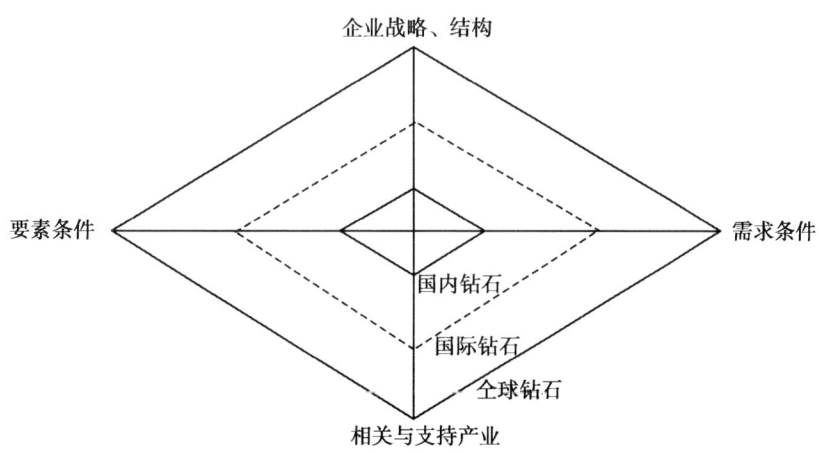

图 2-5 一般化的双重钻石模型

资料来源：Moon H.C., Rugman, Alan M.&Verbeke A.The General Double Diamond Model [J]. International Business Review, 1998（7）：7-9.

（5）以知识吸收和创新能力为核心的钻石模型。芮明杰（2004）认为，当今与未来的中国的产业发展首先要提升自己的创新能力和新技术的学习能力，这样才能在国际产业分工中发挥作用，在产业链中占据优势地位，并在全球的经济竞争中逐步提升本国的产业竞争力。因此，芮明杰在波特教授的钻石模型中加入一个核心要素，即创新和学习能力，形成适合中国发展的钻石模型，具备这个核心要素，企业才能在国际竞争中发挥自己的核心竞争力，如图2-6所示。

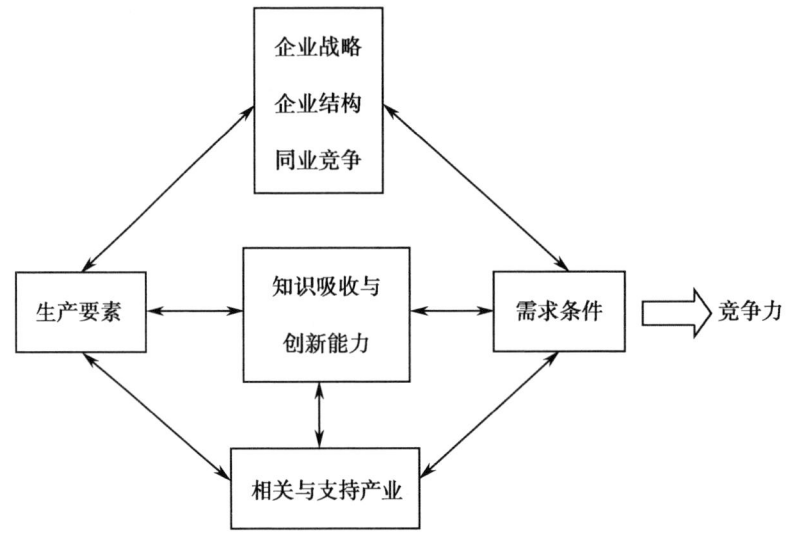

图2-6 以知识吸收和创新能力为核心的钻石模型
资料来源：芮明杰，陶志刚.中国产业竞争力报告［M］.上海：上海人民出版社，2004.

2.4.3 其他中国学者关于产业国际竞争力的分析框架

结合中国实际，中国学者们构建了相关的产业国际竞争力的分析框架。

金碚（1996，2003，2009）认为，不同国家、不同发展阶段分析范式也不应一成不变。金碚等从中国工业品的国际竞争力研究开始，建立了一个清晰的因果关系的产业竞争力分析框架。如图2-7所示，一个国家某一产业的国际竞争力的强弱，可以从结果和原因两个方面分析。从结果角度分析，竞争力直接表现为一国产品在市场上的份额。在竞争市场中，市场份额所占比例越大，获得利润的机会越大，获得利润越多，该国的产业竞争力越强。从形成的原因分析，竞争力的研究对象包括一切有助于开拓、占领市场，并以此获利的因素。其中包含反映竞争结果的竞争力实现指标，反映竞争潜力和竞争实力的因素指标，包括直接因素指标（产品质量、价格、品牌等）和间接因素指标（企业规模、资本实力等），它们表明了一国某一产业具有竞争力的原因。

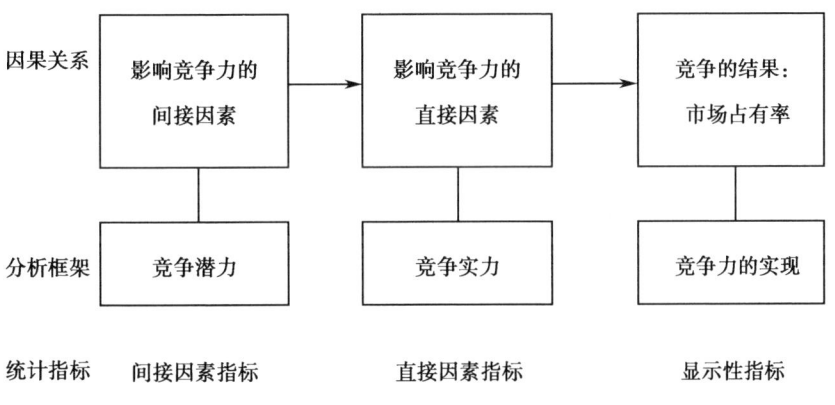

图 2-7　产业国际竞争力因果关系分析框架

资料来源：金碚，李钢.综合竞争力[J].中国工业经济研究，2009（10）.

裴长洪（1998）在借鉴国内外学者研究成果的基础上，提出产业国际竞争力的分析框架应该是行业分析法、竞争市场分类方法以及价值链分析和国际分工位次方法三种分析方法相结合的综合分析模型。裴长洪的综合分析模型与金碚提出的分析框架有极大的相似之处。裴长洪将产业国际竞争力的评价指标分成分析性指标和显示性指标两类，分析性指标是对国际竞争力形成的原因进行解释，包括直接原因和间接原因；显示性指标包括利润率、市场占有率等。

张金昌（2002）认为，对产业竞争力的分析和评价，既要分析显示性指标，也要研究影响产业竞争力的因素，宏观经济政策环境和国家经济的发展阶段会对企业国际竞争力及产业国际竞争力产生影响，产业国际竞争力受到的影响更大。国家经济的发展状况决定了国家主导产业的类型，国家的宏观政策也会对产业的进步与发展及竞争优势产生影响。他的五因素模型（见图2-8）阐释了产业国际竞争力的分析框架包括产业类型、产业发展阶段、产业市场竞争结构、国家宏观经济政策环境和国家经济发展阶段。

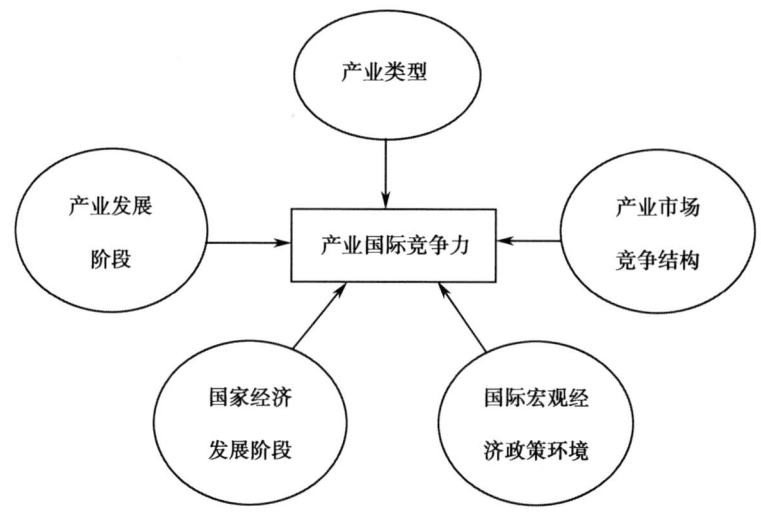

图2-8 产业国际竞争力五因素模型

资料来源：张金昌.国际竞争力评价的理论与方法［M］.北京：经济科学出版社，2002.

此外，张铁男等（2005）的投入产出分析模型、李创（2006）的八因素圆轮模型等，分别从不同角度或加入新的考虑因素来解释产业国际竞争力，在此不一一赘述。

2.5 本章小结

本章界定了生产性服务业内涵与外延，详细介绍了产业国际竞争力的概念，阐述了产业国际竞争力相关的基础理论，包括马克思经典理论、传统比较优势理论、新贸易理论和内生比较优势理论，并对包括 WEF 和 IMD 的竞争力评价体系、"钻石模型"及其扩展等内容的产业国际竞争力现有的分析框架进行了评述。相关概念界定、基础理论和分析框架的阐述为后文的研究奠定了坚实的基础。

3 中国生产性服务业发展现状及国际比较

3.1 全球生产性服务业发展特征与趋势

对全球生产性服务业发展态势进行分析,有利于从总体上对生产性服务业国际竞争力形成路径做出客观的判断。

3.1.1 发展速度呈加速态势

生产性服务业的快速增长是全球服务业发展的一个缩影,其发达程度已成为衡量地区经济发展水平和国家社会现代化水平的重要标志,也反映了一个国家或地区产业能级提升方面具有的优势。自20世纪50年代以来,西方发达国家的服务产业逐渐向高附加值知识密集型领域集聚,金融业、保险业、商务服务业、研发和教育培训等生产性服务业获得了飞速发展。在大部分发达国家经济体系中,生产性服务业的增长速度超过了制造业,也远远超过传统服务业的增长水平。经济合作与发展组织(OECD)数据显示,在OECD国家中,经济发展重心已转换到服务业,服务业增加值占GDP的比重平均高达65%左右。在服务业中以金融保险、科技研发、工业设计、软件与信息服务、物流等生产性服务业的发展最为引人瞩目,上述行业增加值占服务业增加值比重大都超过了60%,甚至有些发达国家达到70%。同时,全球服务业的快速发展、转移以及国内市场需求的扩大,也带动了发展中国家生产性服务业的崛起。随着生产性服务业在拉动经济增长、扩大就业、优化产业结构等方面作用的日渐体现，生产性服务业已成为许多发展中国家经济发展新的增长点。

3.1.2 生产性服务业技术知识密集度加大

由于生产性服务业是先进知识和技术的主要使用者、推动者和传播者，高度技术化知识化成为生产性服务业快速发展的重要特征。从服务产出看，为客户提供知识的生产、传播和使用等服务；从服务提供手段看，从业人员大多都具有良好的教育背景、专业知识基础和技术、管理等核心能力。近年来，随着信息技术、科学技术等迅速发展，产业结构开始由传统的劳动密集型产业到资本密集型产业再到技术密集型产业转变。一方面，以提供高技术和高技能服务为主要内容的新兴服务业将大量涌现，该趋势将使生产性服务业的知识化和技术水平得以提升；另一方面，生产性服务业中研究与开发费用将不断增加，其使生产性服务业本身越来越具有技术和知识密集型产业的特征，即技术和知识密集度逐渐加大。具有高知识含量的生产性服务业是制造业的中间高级投入要素，其嵌入到制造业的价值链环节，使制造业的生产成本降低，提高了制造业产品的差异化程度和创新能力，从而有利于制造业产业升级。

3.1.3 生产性服务业国际转移加速

服务环节是制造环节价值实现的关键，现代经济增长的本质是由服务业主导的增长过程。从动态角度分析价值链，会发现越来越多的价值链的增值空间开始向其两端的生产服务环节集中，而作为中间环节的加工组装等生产环节的增值空间日益萎缩，越来越受制于位于高端的服务业环节，所以，跨国公司开始专注于产业链中创造价值的高端活动，把与技术活动和市场活动等有关的服务业务牢牢抓在手中，而把缺乏比较优势的制造活动转移出去，从而使自己逐步成为从事服务增值为主的专业化服务厂商。生产性服务业国际转移主要表现在以下三个方面：

一是服务外包。目前，信息技术外包（Information Technology Outsourcing，ITO）和商务流程外包（Business Process Outsourcing，BPO）双向渗透趋势明显，"整合式外包"在创新、成本、灵活性等方面具有优势，成为市场新的增长点。例如，IBM和惠普等全球性服务商正把重心放在业务咨询和技术实施能力更紧密的结合上，并扩大服务类别和集成性的外包业务。

二是跨国公司业务离岸化。业务离岸化与服务外包的区别是：服务外包是企业将自己的业务委托给国内外的其他企业去做，而业务离岸化是企业将自己开展业务的场所转移到其他国家，实现降低成本等战略目标。进入21世纪以来，发达国家企业相继把部分生产性服务业务转移到成本相对低廉、投资环境较好的国家和地区，包括中国、印度和东南亚、东欧、拉美等国家或地区。

三是服务业外商直接投资。20世纪70年代，服务业占全球外商直接投资总量的比重不到1/3；20世纪80年代，跨国投资逐渐成为服务业国际竞争的一种重要形式，服务业外商直接投资在全球跨国投资总额中所占比重快速上升；20世纪90年代，服务业外商直接投资在全球投资总额中一直占据一半以上的份额，以物流、金融保险、信息服务、商务服务等行业为代表的生产性服务业是服务业跨国投资的重心；21世纪以来，国际服务业向新兴市场国家转移的趋势日趋明显。

3.1.4 生产服务业与现代制造业产业融合日益深入

产业融合是由于信息技术、高新技术及某产业作用于其他产业，使得两种或多种产业融为一体，并逐步催生出新产业的结果。随着以信息技术为核心的高新技术的快速发展和扩散，制造业服务化和以产业边界模糊或消融为特征的产业融合已经出现。专业化分工程度深化、制造业产业链重组等因素是推动产业融合发展的原动力，技术创新、管理创新和制度创新是产业融合发展的催化剂，而企业是实现产业融合发展的主导力量。

制造业和服务业融合的趋势模糊了制造业和服务业的各自边界。生产性服务业开始由制造业而产生，并逐步呈现出互动发展和融合的趋势。一方面，制造业的中间投入品中服务投入所占的比例越来越大，如在产品制造过程中信息服务、员工培训服务、研发和销售服务的投入日益增加；另一方面，制造业服务化的趋势日益明显，随同产品一起出售的有知识和技术服务等，如计算机与信息服务就是紧密相连的。在制造业服务化的同时，服务产业化的趋势逐渐明朗，某些信息产品可以像制造业一样批量生产，形成规模经济优势。例如，IBM公司在20世纪90年代成功由制造型企业转型为服务型企业等事实说明了生产性服务业与传统制造业的关系。现代制造业的推进离不开生产性服务业的支撑，而先进制造业的发展也为生产性服务业提供了巨大的市场空间，它们之间相互支撑、协调发展，产业融合发展是社会生产力进步和产业结构优化的必然趋势。

3.1.5 新兴服务业态成为各国经济发展新增长点

在科技进步和组织创新的推动下，全球生产性服务企业根据商业环境的变化，以市场需求为导向，不断创新商业模式、服务方式和经营业态，开拓新的市场空间，随之产生的一些新兴服务业态已经成为各国经济发展的新增长点。

一是伴随信息技术的快速发展产生的软件外包、通信增值服务、动漫、文化创意产业等新兴服务业态。

二是随着产业链重组和专业化分工不断深化而出现的一些新兴生产性服务业形态：①制造和维修服务，包括总集成和总承包、大型设备的维修等；②节能与环保服务，包括近期出现的合同能源管理、节能工程咨询、碳排放交易管理等；③先进物流服务，如第三方物流、代理仓储等。

三是新技术与生产性服务业融合在一起，促进了电子商务服务、设计创意服务、研发测试服务、远程教育、网络招聘、供应链管理服务、职业教育培训和人事代理服务等新兴服务业态的发展。此外，还有纽约和东京等城市发展较快的非银行金融服务，包括金融衍生产品、融资租赁、信用担保、风险投资等。

这些新的服务业形态由于处在价值链的高端或能帮助制造业走向价值链的高端，已经成为各国竞争的焦点。生产性服务业的技术进步与创新也是整个产业链技术进步与创新的源泉，推动了各国的经济发展和产业结构升级。

3.2 中国生产性服务业发展总体特征

改革开放以来，中国经济取得了长足的发展，而生产性服务业与之相伴，日益成为经济增长的主要动力和许多城市获取竞争力的重要手段。中国三次产业增加值的比重从1980年的30.17∶48.22∶21.60到2000年的15.06∶45.92∶39.02，再到2012年的10.09∶45.31∶44.60。可以看出，农业的增加值比重呈现迅速下降趋势，工业的增加值比重呈现缓慢上升趋势，服务业的增加值比重迅速上升（见图3-1），而生产性服务业的发展正是中国服务业发展和结构优化的关键。

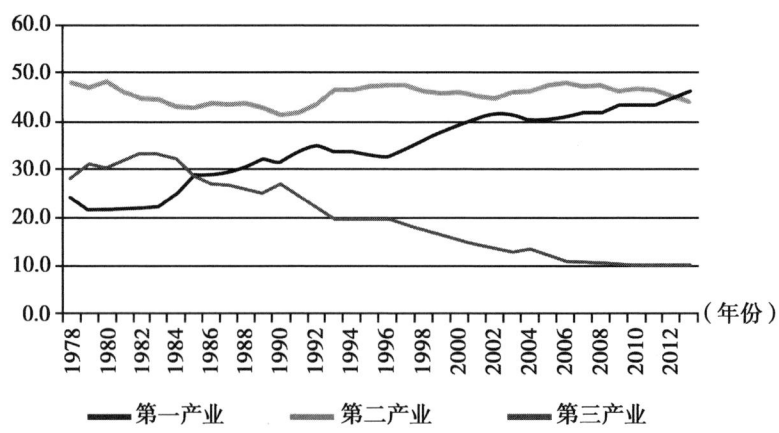

图3-1　1979~2013年中国国内生产总值产业构成

资料来源：《中国统计摘要》（2014）。

为促进生产性服务业的发展，中国政府相继推出了一系列政策文件（见表3-1），从1997年9月党的十五大报告中提出要加快发展现代服务业，到2006年《中华人民共和国国民经济和社会发展第十一个五年规划纲要》中明确提出"大力发展主要面向生产者的服务业"，再到2014年8月国务院首次对中国生产性服务业发展做出了全面部署，发布了《关于加快发展生产性服务业促进产业结构调整升级的指导意见》（国发〔2014〕26号），对我国生产性服务业发展提出了总体要求、发展导向、主要任务和政策措施。可以看出，中国政府为推进生产性服务业发展逐步制定和完善相关文件，为中国生产性服务业的发展创造了较好的政策环境。

表3-1 关于中国生产性服务业政策演变的文件汇总

序号	文件名称/政策出处	时间	内容要点
1	江泽民在中国共产党第十五次全国代表大会上的报告	1997年9月	明确提出要加快发展现代服务业
2	中国共产党第十五届中央委员会第五次全体会议公报	2000年10月	要发展现代服务业，改组和改造传统服务业
3	胡锦涛在中央经济工作会议上的讲话	2002年11月	要加快发展现代服务业，继续发展传统服务业，大力发展社区服务业，提高第三产业在国民经济中的比重
4	中共中央关于制定国民经济和社会发展第十一个五年规划的建议	2005年10月	①大力发展金融、保险、物流、信息和法律服务等现代服务业。②大城市要把发展服务业放在优先位置，有条件的要逐步形成服务经济为主的产业结构

续表

序号	文件名称/政策出处	时间	内容要点
5	中华人民共和国国民经济和社会发展第十一个五年规划纲要	2006年3月	明确提出要大力发展主要面向生产者的服务业,细化深化专业化分工,降低社会交易成本,提高资源配置效率。阐述了生产性服务业主要拓展领域:优先发展交通运输业、大力发展现代物流业、有序发展金融服务业、积极发展信息服务业、规范发展商务服务业
6	国务院关于加快发展服务业的若干意见	2007年3月	①把大力发展各类生产性服务业,促进现代制造业与服务业互动发展作为发展生产性服务业的重要方向。②到2020年,我国经济结构要基本实现以服务经济为主的转变,服务业增加值占国内生产总值的比重要超过50%,服务业内部结构要明显优化
7	国务院办公厅关于加快发展服务业若干政策措施的实施意见	2008年3月	①就加快我国服务业发展制定了八项推进政策,是一个相对完善的促进我国服务业发展的政策体系。②强调了要大力发展外包服务业,要深化社会分工,进而促进生产性服务业发展,要加强生产性服务业与工业的互动发展。③在生产性服务业的市场准入方面和税收优惠方面有很大突破
8	2014年李克强政府工作报告	2014年3月	优先发展生产性服务业,推进服务业综合改革试点和示范建设

续表

序号	文件名称/政策出处	时间	内容要点
9	李克强主持召开国务院常务会议的部署	2014年5月	①加快发展生产性服务业是向结构调整要动力、促进经济稳定增长的重大措施。②要更多依靠市场机制和创新驱动,重点发展研发设计、商务服务、市场营销、售后服务等生产性服务。③要进一步深化改革开放,放宽市场准入,减少前置审批和资质认定项目,鼓励社会资本参与发展生产性服务业
10	国务院关于加快发展生产性服务业促进产业结构调整升级的指导意见	2014年8月	①加快发展生产性服务业要坚持市场主导、突出重点、创新驱动、集聚发展的基本原则。②要以产业转型升级需求为导向,促进我国产业逐步由生产制造型向生产服务型转变。③现阶段我国生产性服务业重点发展研发设计、第三方物流、融资租赁、信息技术服务、节能环保服务、检验检测认证、电子商务、商务咨询、服务外包、售后服务、人力资源服务和品牌建设,并提出了发展的主要任务。④为生产性服务业发展创造良好环境

资料来源:根据国家各部委出台的相关政策文件整理所得。

此外,中国在服务业统计方面也提高了重视程度。2011年9月17日,国务院公布了《国务院办公厅转发统计局关于加强和完善服务业统计工作意见的通知》,根据该通知精神,中国国家统计局在充分征求各部门意见的基础上,研究制定了全国统一、规范的《服务业统计调查制度》。2012年2月21日，在北京举行了服务业统计部际联席会议第三次全体会议，安排布置了《部门服务业财务统计报表制度》。服务业统计调查制度的有效实施将使服务业的统计工作更加完善，为生产性服务业相关研究提供更加翔实、准确的数据支持。

中国生产性服务业在快速发展过程中呈现出四个方面的主要特征。

3.2.1 发展水平偏低但增长速度明显加快

从全球范围看，近年来发达国家服务业增加值占比普遍超过70%，生产性服务业增速高于服务业平均增速，发达国家依靠研发设计、商务服务、市场营销等生产性服务业领域的领先优势，主导着全球生产网络和产品价值链，显著提高了产业发展素质和资源配置效率，获取了巨大的超额经济利益。全球生产制造服务化发展趋势日益明显，围绕着生产性服务业领域的竞争越来越激烈。改革开放以来，中国产业的国际化步伐明显加快，一些产业已经融入了全球产业链，在全球经济中发挥着不可或缺的作用。但总体上看，中国产业仍然偏重于生产制造环节，在全球产业链分工体系中，仍处于中低端。

对历年数据进行比较分析可知，中国生产性服务业产出不断增长，发展水平不断提高。2004~2012年，服务业增加值年均增长17.93%，生产性服务业年均增长18.69%。生产性服务业增加值比重逐步上升，尤其是批发和零售业，金融业，交通运输、仓储及邮政业增加值出现了大幅度的提高，信息传输、计算机服务和软件业，科学研究、技术服务和地质勘查业以及租赁和商务服务业的增加值一直保持平稳增长的势头（见图3-2）。在此带动下，生产性服务业增加值占服务业增加值的比重明显上升，由2004年的55.41%提高到2012年的57.27%。如图3-3所示。

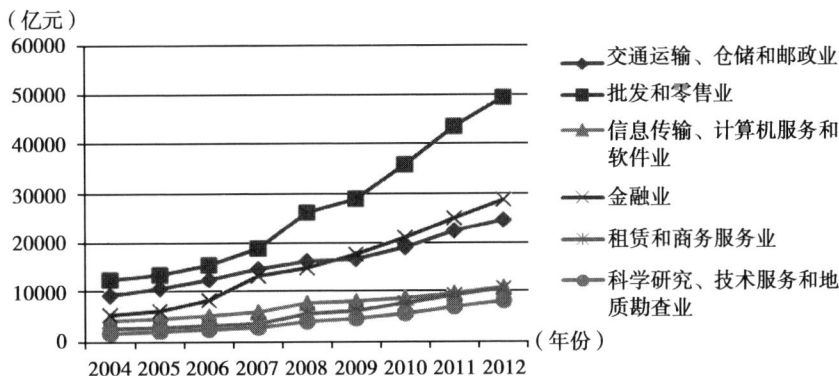

图 3-2　2004~2012 年中国生产性服务业行业增加值增长情况

资料来源：根据 2006~2014 年《中国第三产业统计年鉴》数据汇总整理而得。

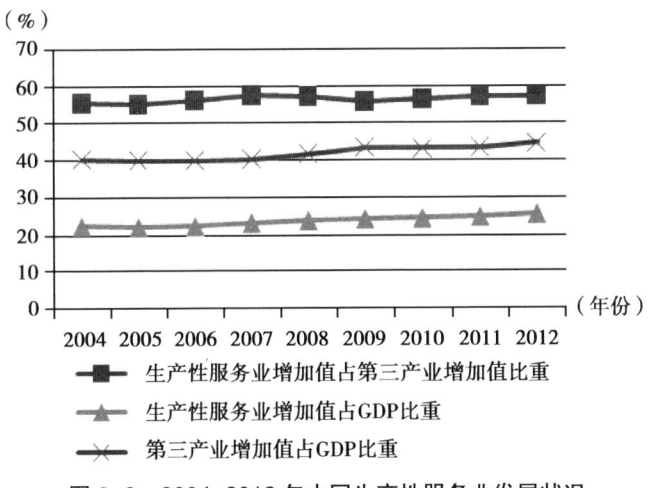

图 3-3　2004~2012 年中国生产性服务业发展状况

资料来源：根据 2006~2014 年《中国第三产业统计年鉴》数据汇总整理而得。

3.2.2　沿海地区发展水平较高且呈现集聚化格局

随着经济全球化程度不断加深，国际产业转移的步伐从制造业领域转向服务业领域，其中，生产性服务业向沿海地区转移的态势则日趋明显。中国长江三角洲、珠江三角洲和京津经济区生产性服务业的发展尤为突出。2013 年，长江三角洲地区生产性服务业增加值占全国的比重达 24.35%，其中金融业所占比重超过 30%。同期，京津地区生产性服务业增加值占全国的比重也达到 11.25%。由此可见，生产性服务业在三大经济区域的迅猛发展成为区域经济发展的新动力。

通过对三大区域内部产业分布状况进行分析发现，各区域生产性服务业的发展主要依靠核心城市的带动。其中，长江三角洲生产性服务业发展的核心是上海，珠江三角洲生产性服务业发展的核心是广州和深圳，京津地区生产性服务业发展主要靠北京和天津的带动。三大区域的核心城市以金融、物流等生产性服务业为发展重点，利用信息化所带来的优势，逐步提升核心城市生产性服务业的层级和规模，形成以服务经济为主体的产业体系，从而稳步提升城市竞争力。三大区域生产性服务业的发展凸显了核心城市对外辐射和带动的功能，上海、北京与天津、广州和深圳作为生产性服务业最为发达的城市，分别成为长江三角洲、京津地区和珠江三角洲三大区域经济发展的增长极。在中国沿海地区生产性服务业发展水平较高的同时，生产性服务业发展还呈现出集聚或群落化发展格局。生产性服务业的发展通常集聚在大中城市内的特定地域空间，并形成了物流服务业集群、金融服务业集群、研发设计集群、创意产业集群等生产性服务业集群（见表 3-2）。生产性服务业集群已经成为推动中国东部地区城市及区域产业优化升级和经济发展方式转变的重要驱动力。

表 3-2　中国东部地区生产性服务业集群的地域分布情况

省份	物流服务业集群	金融服务业集群	研发设计集群	创意产业集群
辽宁	沈阳、大连、锦州、营口、丹东、葫芦岛	沈阳、大连	沈阳、大连	沈阳、大连
北京	东城、丰台、顺义	西城	海淀、东城、西城	海淀、朝阳
天津	滨海、河北、河东、红桥、宝坻、东丽	和平、河东、南开、河西	和平、南开、河西、河北	河东、南开、河西、河北

续表

省份	物流服务业集群	金融服务业集群	研发设计集群	创意产业集群
河北	石家庄、秦皇岛、承德、张家口	石家庄	石家庄	石家庄
山东	青岛、济南、东营	青岛、济南	青岛、济南	青岛、济南
江苏	南京、镇江、南通	南京、苏州	南京、苏州、无锡	南京、苏州、无锡
上海	浦东	浦东	浦西、浦东	浦西中心城区
浙江	宁波、温州	杭州、宁波、温州	杭州、宁波	杭州、宁波
广东	深圳、珠海、广州	深圳、东莞、广州	深圳、广州	深圳、广州
福建	厦门、福州、泉州	厦门、福州	厦门、福州、泉州	厦门、福州
海南	海口、三亚	海口	海口	海口、三亚

资料来源：根据相关文献整理而得。

3.2.3 生产与需求发展不相符且市场化程度偏低

生产性服务业的产出主要是作为中间投入品服务于制造业和其他相关服务业，并在此过程中创造自身的价值。由于中国打造全球制造业基地步伐的加快，制造业发展迅猛，对包括生产性服务业在内的各类服务业的需求增大。但数据表明，中国制造业发展过程中服务业投入占总投入的比重远远低于发达国家，尤其是生产性服务业所占比重更低，这是中国制造业发展水平滞后的一个重要原因。中国生产性服务业发展速度加快及比重提高是为适应强烈的市场需求而发展起来的，由此带动了产出规模的急剧扩张，但产出规模扩大并不意味着效率的提高。中国生产性服务业中，金融、电信、物流等行业存在严重的垄断性经营，政策性进入壁垒较高，资源无法在这些生产性服务行业内部通过市场机制的作用而正常、合理和有效地流动。由于市场化程度较低导致了交易成本的激增，致使许多生产性服务产品的提供企业和部门无法充分参与社会分工，制造企业内部本应由市场提供的研发、设计、物流、售后、资金运作等生产性服务转为由企业自我供给，这带来的一个严重后果是市场化发育不足。由此可见，中国生产性服务业发展过程中市场化程度的低下，致使其没有为制造业的产业发展发挥更大的作用，而中国国内许多制造企业对生产性服务产品的外部需求大多是寻求具有国际竞争力的跨国生产性服务企业提供服务。

3.2.4 中国生产性服务业发展滞后于国家主导实体产业

2004~2012年，虽然中国生产性服务业取得了快速发展，年均增速18%，但与国家主导实体产业——制造业21%的年均增速相比仍然较低。从图3-4中也可以观察到，中国制造业增加值变动趋势曲线较生产性服务业增加值变动趋势曲线更为陡峭，即制造业增长趋势更为明显，中国生产性服务业在国民经济中的地位与制造业相比仍然较低。

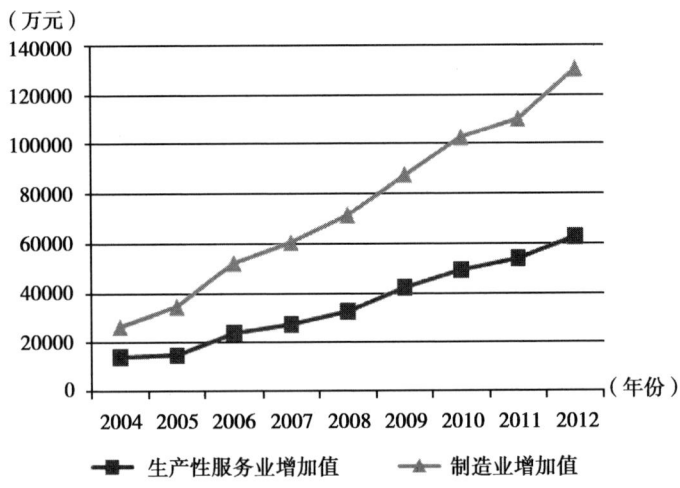

图3-4 2004~2012年中国生产性服务业与制造业增加值变动趋势

资料来源：根据2006~2014年《中国第三产业统计年鉴》和《中国统计年鉴》数据汇总整理而得。

生产性服务业将逐步向现代化和高端化转型，即知识型生产性服务业比重不断上升是世界服务业发展的重要趋势。从中国生产性服务业的内部结构看，以金融、综合研究和科学技术、软件和信息服务业为核心内容的高端生产性服务业发展水平较低，占主体地位的仍然是交通运输及仓储业等传统生产性服务业，同时，我国租赁与商务服务业发展比较缓慢，份额偏低。我国生产性服务业自身发展缓慢，产品同质化现象较为严重，生产性服务企业缺乏核心服务能力，导致无法满足制造业企业的专业化需求，阻碍了制造业升级步伐。此外，创新是制造业企业发展的核心动力，一方面需要提升自身技术创新能力，另一方面需要生产性服务业的持续创新，为制造业企业提供不断创新的动力。中国生产性服务业的技术创新、管理模式创新和业务流程创新水平仍处于较低级阶段，没有发挥好向制造业输送技术密集、知识密集生产要素的作用。

3.3 中国生产性服务业发展投入产出数据分析

生产性服务业的性质是为生产过程提供中间产品的服务业。但针对生产性服务业的经验研究，通常采用的方法是，首先按照一定的标准划分生产性服务业的行业，然后从特定的服务行业出发进行分析。这种方法的缺陷是不能区分中间使用服务（生产性服务）和最终使用服务，无法准确反映生产性服务业的状况及其在国民经济中的地位和影响。但如果采用投入产出法，则可以克服因为服务部门的人为划分而导致的片面性，从而更科学地分析生产性服务业在国民经济中的数量或比重，以及生产性服务业与其他经济部门的融合程度。

投入产出分析方法是研究经济系统各个部分之间表现为投入与产出的相互依存关系的经济数量分析方法。20世纪30年代由美国经济学家瓦西里·列昂惕夫提出，现已成为分析产业问题的重要方法。投入产出分析中的投入是指耗用的物质资料和劳动力；产出是指从事某种经济活动所得到的成果，即产品或劳务。在价值型投入产出表中，记录了全部用货币计量的中间产品价值、最终产品价值、毛附加值以及总产值。一般来说,从投入产出表的纵列方向看,第 j 产品部门中间投入合计 + 第 j 产品部门增加值合计 = 第 j 产品部门总投入;从投入产出表的横行方向看,第 i 产品部门中间使用合计 + 第 i 产品部门最终使用合计 – 第 i 产品部门进口 + 其他 = 第 i 产品部门总产出。

为了对中国生产性服务业的发展有一个全面、细致的了解,对后续中国生产性服务业国际比较及国际竞争力的研究打下坚实的基础,本书获取了中国1987年、1992年、1997年、2002年、2007年投入产出表和1990年、1995年、2000年、2005年、2010年投入产出延长表,基于投入产出方法,结合投入产出表的数据,分别从中国生产性服务业的产出、贡献率、中间需求率和内部结构四个方面对中国生产性服务业的总体水平及结构进行剖析。

3.3.1 中国生产性服务业总体水平分析

(1)中国生产性服务业产出分析。从表3-3可知,中国生产性服务业产值(服务中间投入)从1987年的2210.53亿元上升到2010年的157334.88亿元,增长了约70倍,同期服务业总产值增长了64倍左右,而国民产出仅增长了近49倍。服务业中间投入率在1987年低于10%,1992年超过了13%,之后经过了反复回落和增长,到2010年达到了12.56%,比1987年增加了3.59个百分点。生产性服务占服务业总产出的比例由1987年的46.6%上升到2010年的51.34%,2010年生产性服务业产值突破了150000亿元,达到157334.88亿元,增加了4.74个百分点。由此看出,1987~2010年,中国服务中间投入即生产性服务业发展速度较快,增速均超过了国民总产出和服务业总产出的增长速度,且在国民经济和服务业中的地位也稳步提升,特别是在服务业中所占比例超过了50%。但同时我们也认识到,中国生产性服务业增长的过程具有波动性,而且由于起步晚、水平低,对国民经济的贡献还较小。

表 3-3　1987~2010 年中国生产性服务业产出表

年份	国民总产出（亿元）	服务业总产出（亿元）	服务业中间投入（生产性服务业产值）（亿元）	服务业中间投入率（%）	生产性服务占服务业总产出比例（%）
1987	25662.83	4743.57	2210.53	8.61	46.60
1990	42213.43	7584.45	3578.93	8.48	47.19
1992	68463.98	16964.34	9545.40	13.94	56.27
1995	156544.92	30907.99	17547.00	11.21	56.77
1997	199844.23	42437.96	22116.01	11.07	52.11
2000	257552.78	58134.86	31310.60	12.16	53.86
2002	313430.50	94292.70	46084.19	14.70	48.87
2005	542762.06	145050.04	70994.00	13.08	48.94
2007	818858.96	192385.11	95214.83	11.63	49.49
2010	1252644.87	306446.44	157334.88	12.56	51.34

资料来源：根据 1987~2010 年投入产出表计算整理而得。

（2）中国生产性服务业对国民经济具体行业的贡献。为了进一步分析中国生产性服务业对国民经济的贡献，笔者利用 2010 年的中国投入产出延长表测算了生产性服务业对表中 65 个所有国民经济行业（部门）的贡献。从表 3-4 可知，生产性服务业对邮政业、金融业、租赁和商务服务业等服务业的贡献最大，服务业投入率平均达到 20% 以上，对建筑业等工业贡献其次，服务业投入率平均 10.18%，对农业的贡献最小，服务业投入率只有 6.46%。从中可知当前中国生产性服务业服务对象主要是工业和服务业。

表 3-4 2010 年中国生产性服务业对国民经济具体行业的贡献

国民经济行业	服务业投入率（%）	国民经济行业	服务业投入率（%）	国民经济行业	服务业投入率（%）
邮政业	36.83	居民服务和其他服务业	16.82	仪器仪表制造业	11.52
金融业	28.75	家用电力和非电力器具制造业	16.40	纺织服装、鞋、帽制造业	11.43
租赁和商务服务业	27.83	水的生产和供应业	16.13	专用化学产品制造业	11.30
综合技术服务业	25.39	其他化学制品	14.48	输配电及控制设备制造业	11.23
信息传输、计算机服务和软件业	24.28	家用视听设备制造业	13.89	专用设备制造业	10.87
交通运输及仓储业	21.83	房地产业	13.81	铁路运输设备制造业	10.52
批发和零售业	21.63	通信设备及雷达制造业	13.58	文教体育用品制造业	10.37
公共管理和社会组织	20.67	非金属矿及其他矿采选业	13.53	木材加工及家具制造业	10.25
水利、环境和公共设施管理业	19.62	有色金属矿采选业	13.26	肥料、农药	9.90
文化、体育和娱乐业	18.62	教育	12.69	通用设备制造业	9.88
研究与试验发展业	18.02	电子计算机制造业	12.33	燃气生产和供应业	9.81
其他电子设备制造业	17.57	非金属矿物制品业	12.30	汽车制造业	9.80
建筑业	17.16	煤炭开采和洗选业	11.74	食品及酒精饮料	9.78

续表

国民经济行业	服务业投入率（%）	国民经济行业	服务业投入率（%）	国民经济行业	服务业投入率（%）
造纸、印刷	9.68	船舶及浮动装置制造业	8.68	工艺品及其他制造业（含废品废料）	6.83
其他电气机械及器材制造业	9.67	金属制品业	8.64	农林牧渔业	6.46
住宿和餐饮业	9.54	有色金属冶炼及压延业	7.89	石油和天然气开采业	6.44
电力、热力的生产和供应业	9.42	卫生、社会保障和社会福利业	7.86	合成材料制造业	6.41
电子元器件制造业	9.34	皮革、毛皮、羽毛（绒）及其制品业	7.83	纺织材料加工业	6.05
黑色金属矿采选业	9.16	电气设备	7.67	文化、办公用机械制造业	5.95
其他交通运输设备制造业	9.13	钢压延加工业	7.61	黑色金属冶炼	5.66
烟草制品业	8.95	纺织、针织制成品制造业	7.59	石油加工、炼焦及核燃料加工业	4.96
基础化学原料	8.78	塑料、橡胶制品	7.41		

注：服务业投入率＝服务业投入占行业总投入的比率。
资料来源：根据2010年投入产出延长表数据计算整理而得。

（3）服务业中间需求率及其构成。从对服务中间需求的角度看，我国对服务的中间需求占对服务总需求的比例在50%左右（见表3-5），相比美国等发达国家，我国服务业的中间需求率偏高，表明我国服务业的中间需求旺盛。其中，工业对服务业的中间需求最高，占所有产业中间需求的比例达到60%左右，但近几年有下降趋势；服务业对服务业的中间需求次之，占所有产业中间需求的比例在40%左右，且有逐年增长的趋势；农业的中间需求最小，且逐年下降，2010年降到2.8%。

表 3-5　中国服务业中间需求率及其构成　　　　　　单位：%

年份	服务业中间需求率	中间需求率构成		
		农业对服务业的中间需求率	工业对服务业的中间需求率	服务业对服务业的中间需求率
1987	46.60	7.7	62.0	30.3
1990	47.19	7.8	61.2	31.0
1992	56.27	5.7	58.9	35.4
1995	56.77	6.6	62.8	30.6
1997	52.11	5.9	57.6	36.4
2000	53.86	5.3	56.8	37.9
2002	48.87	4.9	53.6	41.5
2005	48.94	3.4	57.0	39.6
2007	49.49	3.3	56.1	40.6
2010	51.34	2.8	58.3	38.9

资料来源：根据1987~2010年投入产出表计算整理而得。

3.3.2　中国生产性服务业的内部结构分析

由于1987~2010年投入产出表中服务业部门构成有所不同，因此在分析中国生产性服务业部门构成情况时，根据投入产出表部门构成情况分为1987~2000年和2002~2010年两部分进行分析。其中，1987~2000年将投入产出表中服务部门归纳为交通运输和邮电业、商业饮食业、金融保险业、公共服务与居民服务业及其他服务业五大类。2002~2010年，则根据本书第2章中所界定的现阶段中国生产性服务业部门构成为主要分析内容。

从表3-6和表3-7中数据可见，在20世纪80年代和90年代，我国商业饮食业提供了较大部分的生产性服务，最高的年份其占生产性服务业的比重接近50%，但从90年代后期呈现逐渐下降的趋势。从

表 3-6 1987~2000 年中国生产性服务业内部结构

		交通运输和邮电业	商业饮食业	金融保险业	公共服务与居民服务业	其他服务业
1987 年	中间使用合计（亿元）	506.82	859.98	465.93	131.85	245.95
	所占比例（%）	22.93	38.90	21.08	5.96	11.13
1990 年	中间使用合计（亿元）	1251.83	1032.48	699.67	196.50	398.45
	所占比例（%）	34.98	28.85	19.55	5.49	11.13
1992 年	中间使用合计（亿元）	1985.72	4167.09	1674.32	1207.73	510.53
	所占比例（%）	20.80	43.66	17.54	12.65	5.35
1995 年	中间使用合计（亿元）	4364.85	8211.21	1991.76	1971.01	1008.17
	所占比例（%）	24.88	46.80	11.35	11.23	5.74
1997 年	中间使用合计（亿元）	5559.46	8490.30	2694.16	4395.82	976.27
	所占比例（%）	25.14	38.39	12.18	19.88	4.41
2000 年	中间使用合计（亿元）	8537.75	10946.04	3930.68	6379.93	1516.19
	所占比例（%）	27.27	34.96	12.55	20.38	4.84

资料来源：根据 1987~2000 年投入产出表计算整理而得。

表 3-7 2002~2010 年中国生产性服务业内部结构

		交通运输、仓储和邮政业	批发零售业	金融业	信息传输、计算机服务和软件业	租赁和商务服务业	科学研究、技术服务和地质勘查业	其他服务业
2002 年	中间使用合计（亿元）	10920.5	10759.6	6307.8	4243.5	3869.4	1135.3	8848.1
	所占比例（%）	23.70	23.35	13.69	9.21	8.40	2.46	19.20

续表

		交通运输、仓储和邮政业	批发零售业	金融业	信息传输、计算机服务和软件业	租赁和商务服务业	科学研究、技术服务和地质勘查业	其他服务业
2005年	中间使用合计（亿元）	18368.3	9863.5	7792.0	6740.4	9252.9	3413.3	15563.5
	所占比例（%）	25.87	13.89	10.98	9.49	13.03	4.81	21.92
2007年	中间使用合计（亿元）	25121.2	14713.7	14556.2	5516.1	9176.1	5264.9	20866.7
	所占比例（%）	26.38	15.45	15.29	5.79	9.64	5.52	21.92
2010年	中间使用合计（亿元）	44268.1	23375.8	25003.3	8197.6	16354.8	10052.0	30083.2
	所占比例（%）	28.14	14.86	15.89	5.21	10.40	6.39	19.12

注：其他服务业中包括住宿和餐饮业，房地产业，旅游业，其他社会服务业，教育事业，卫生、社会保障和社会福利事业，公共管理和社会组织。

资料来源：根据2002~2010年投入产出表计算整理而得。

90年代末期开始，交通运输、仓储和邮政业提供的生产性服务的相对规模呈现逐年上升趋势。科学研究、技术服务和地质勘查业提供的生产性服务业占比也在逐年上升。从2010年的情况看，交通运输、仓储和邮政业所占比重最高，达到了28.14%；金融业次之，为15.89%；随后是批发零售业，为14.86%；再者是租赁和商务服务业，占10.40%，涵盖住宿和餐饮业，房地产业，旅游业，其他社会服务业，教育事业，卫生、社会保障和社会福利事业，公共管理和社会组织的其他服务业占比19.12%。由数据可见，我国交通运输、仓储和邮政业以及批发零售业等传统劳动密集型产业提供的生产性服务比重较高，而涵盖信息传输、计算机服务和软件业、科学研究、技术服务的现代服务产业提供的生产性服务比重偏低。

3.3.3 中国生产性服务业各部门的水平分析

生产性服务业是由中间投入的各个服务部门组成的，这些服务部门是生产性服务业的具体内容，其发展水平决定了生产性服务业的水平。

我国对服务中间总需求占对服务总需求的比例为50%左右（见表3-3）。出于服务业部门划分调整的原因，在这里仅对2002~2010年的投入产出表数据进行分析。从具体部门看（见表3-8），邮政业、交通运输及仓储业、租赁和商务服务业以及金融保险业的中间需求率较高，都在60%以上，其中邮政业增长速度较快，2010年达到92.75%。2010年，在我国生产性服务业所涵盖的部门中，交通运输、仓储和邮政业对国民经济部门的中间服务投入率最高，金融业以及租赁和商务服务业次之，然后是研究与试验发展业，再次是批发零售业，最后是信息传输、计算机服务和软件业。

表3-8 2002~2010年中国生产性服务业各部门的中间需求率

单位：%

部门	2002年中间需求率	2005年中间需求率	2007年中间需求率	2010年中间需求率
邮政业	61.35	61.35	88.42	92.75
交通运输及仓储业	75.25	73.46	77.21	89.78
金融保险业	86.24	75.93	74.72	77.44
综合技术服务业	44.78	44.56	77.86	75.12
租赁和商务服务业	86.69	89.60	73.84	72.65
住宿和餐饮业	47.19	61.22	97.47	71.95
研究与试验发展业	—	—	57.41	63.81
科学研究事业	21.69	37.35	—	—
批发和零售业	62.76	51.00	51.03	54.33

续表

部门	2002年中间需求率	2005年中间需求率	2007年中间需求率	2010年中间需求率
信息传输、计算机服务和软件业	76.96	67.75	52.50	52.63
文化、体育和娱乐业	37.96	49.66	54.99	48.60
居民服务和其他服务业	33.92	49.41	49.55	46.85
水利、环境和公共设施管理业	—	44.48	31.23	27.53
房地产业	28.23	20.35	24.90	20.11
卫生、社会保障和社会福利业	7.76	13.86	9.53	7.01
教育	7.05	9.65	9.88	3.87
公共管理和社会组织	0.00	0.00	0.86	0.90
旅游业	21.22	—	—	—

资料来源：根据2002~2010年投入产出表计算整理而得。

3.4 中国生产性服务业发展的国际比较

国际货币基金组织（IMF）2004年发表的《世界经济展望》将全世界的国家分为两大类：先进经济体、新兴市场和发展中国家。本书借鉴IMF组织的分类，首先将所研究的国家分为先进经济体以及新兴市场和发展中国家两大类。其次将先进经济体分为西方七国（G7）和其他先进经济体，将新兴市场和发展中国家分为金砖国家以及其他新兴市场和发展中国家。表3-9是根据OECD投入产出数据库所包括的36个国家并参照以上分类标准对所研究国家的具体分类。

由于中国的国民经济行业分类与国际标准产业分类存在差异，为了便于国际比较，本书采用OECD数据库按照国际标准产业分类第三版（ISIC Rev.3）[①]调整过的中国2005年投入产出表，与相同时期的其他国

---

① 《国际标准产业分类》ISIC第四版。但囿于OECD投入产出表数据的可获得性，我们在这里以2005年投入产出表采用的ISIC Rev.3为主。

家进行国际比较。

OECD成员国的投入产出表均来自OECD"投入产出数据库"(The OECD Input Output Database)。该数据库对相关成员国基于不同部门划分标准的投入产出表进行了统一的行业归并。

表3-9 先进经济体以及新兴市场及发展中国家分类

先进经济体	七国集团(G7)	美国、日本、德国、法国、英国、意大利、加拿大
	其他先进经济体(18个)	荷兰、卢森堡、挪威、葡萄牙、瑞典、瑞士、西班牙、希腊、新西兰、爱尔兰、奥地利、澳大利亚、比利时、丹麦、芬兰、韩国、中国台湾、以色列
新兴市场和发展中国家	金砖国家(BRICS)[①]	中国、印度、俄罗斯[②]、巴西、南非
	其他新兴市场和发展中国家(6个)	土耳其、匈牙利、印度尼西亚、阿根廷、波兰、斯洛伐克

资料来源：根据OECD数据库对投入产出表的说明整理而得。见OECD组织网站，http://www.oecd.org/。

中国的投入产出表来自《中国统计年鉴》。有两点需要说明：第一，在产业与部门划分方面，中国与OECD国家存在一些差异，尤其反映在服务部门划分方面，中国投入产出表中涉及的服务部门的划分相对较粗。第二，由于国民经济投入产出表的编制十分复杂，因此并不是每年都更新。由于OECD最新一版可获得的投入产出表是2005年，因此本书主要对2005年的投入产出数据进行国际比较分析。

---

① 2001年，美国高盛公司首次提出"金砖四国(BRIC)"这一概念，特指新兴市场投资代表，包括俄罗斯、中国、巴西和印度。2010年南非(South Africa)加入后，其英文单词变为"BRICS"，并改称为"金砖国家"。

② 2002年，随着俄罗斯加入，"七国集团(G7)"变为"八国集团(G8)"，但考虑到俄罗斯与其他七国发展水平的差距，将其纳入"金砖国家"进行分析。

3.4.1 生产性服务业发展整体水平国际比较

通过数据计算整理我们可以看出,中国生产性服务业占第三产业总产出的比重为51.99%,不但高于新兴市场和发展中国家的平均比重,也高于先进经济体的平均比重,如表3-10所示。

表3-10 生产性服务业发展整体水平国际比较

	第三产业增加值比重(%)	生产性服务业占第三产业总产出的比重(%)	生产性服务业占国民总产出的比重(%)
中国	39.04	51.99	14.12
先进经济体(25个)	70.87	42.70	25.68
七国集团(G7)	72.48	40.65	24.59
其他先进经济体(18个)	69.27	44.76	26.77
新兴市场和发展中国家(11个)	56.37	41.26	17.53
金砖国家(BRICS)	55.23	42.40	17.60
其他新兴市场和发展中国家(6个)	59.31	40.36	18.36

注:生产性服务业占第三产业总产出的比重=生产性服务业总量(满足中间需求部分)/第三产业总产出×100%;生产性服务业占国民总产出的比重=生产性服务业总量(满足中间需求部分)/国民经济总产出×100%。先进经济体及新兴市场和发展中国家数据为各国均值。

资料来源:根据OECD组织投入产出数据库计算得出。

虽然中国生产性服务业占第三产业总产出的比重较高,不能由此认为中国生产性服务业的发展水平较高。生产性服务业占第三产业总产出的比重反映了第三产业的产出用于中间需求(生产服务)和最终需求(消费服务)之间此消彼长的关系。这可能是由于中国人均GDP较低,人均消费水平也较低,面向居民的服务产品最终消费市场没有充分启动,导致市场中的企业和其他组织对服务产品中间消耗比重偏高。生产性服务业占国民总产出的比重能更充分地反映生产性服务业在国民经济中的地位。中国生产性服务业占国民总产出的比重仅为14.12%，远远低于先进经济体的平均水平，整体发展水平较低。

2005年，西方七国第三产业增加值平均比重为72.48%，比重最高的美国有77.24%的增加值是第三产业所创造的，比重最低的加拿大也达到了65%以上（见图3-5），第三产业已经成为了西方七国国民经济的主体。西方七国生产性服务业占第三产业总产出的平均比重已经达到40.65%，由高到低依次是意大利、德国、法国、英国、加拿大、美国、日本，这些国家第三产业的总产出中都有相当高的比重被用作中间需求进入其他产业的生产过程。另外，西方七国生产性服务业占国民总产出比重的平均值也达到24.59%，表明生产性服务业在西方七国国民经济中发挥着重要作用。

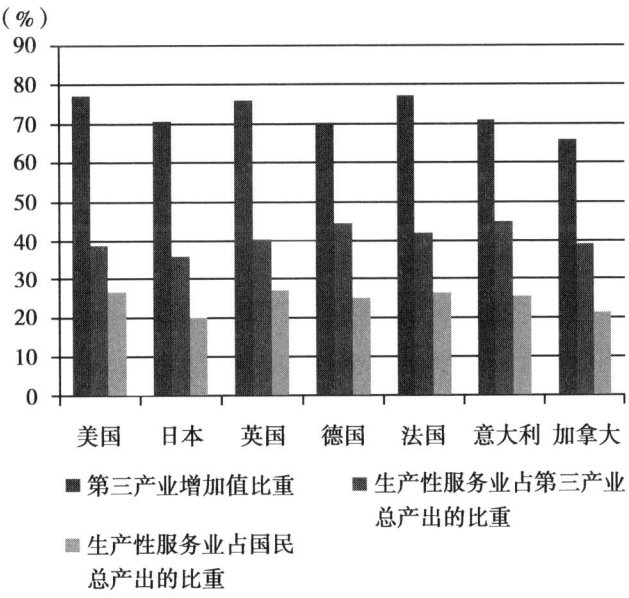

图3-5 西方七国生产性服务业发展水平主要指标

资料来源：根据OECD组织2009年版投入产出数据库计算得出。

金砖国家第三产业增加值比重都低于世界平均水平，特别是中国，第三产业增加值比重与世界平均水平存在较大的差距，与西方七国相比差距则更大。金砖国家生产性服务业占第三产业总产出的比重由高到低依次是中国、南非、印度、巴西、俄罗斯（见图3-6）。与西方七国相比较，俄罗斯和巴西生产性服务业占第三产业总产出的比重都低于西方七国的平均水平。中国情况比较特殊，生产性服务业占第三产业总产出的比重不但远高于其他金砖国家，甚至高于西方七国的平均比重。金砖国家生产性服务业占国民总产出的比重与西方七国的平均水平存在较大的差距，中国生产性服务业占国民总产出的比重在金砖国家中是最低的，重要原因是金砖国家第三产业的整体发展水平较低，受制于第三产业的低比重，生产性服务业占国民总产出的比重也比较低。

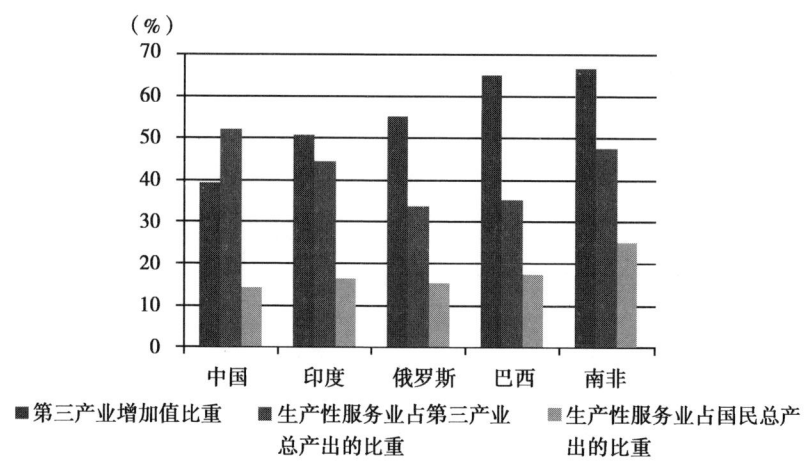

图 3-6　金砖国家生产性服务业发展水平主要指标

资料来源：根据 OECD 组织 2009 年版投入产出数据库计算得出。

3.4.2　生产性服务业部门结构特征国际比较

2009年版投入产出表按照国际标准产业分类第三版（ISIC Rev.3）将第三产业分为18个行业，经过处理后共得13个行业。这13个服务行业每一行业的总产出中都有一部分被作为生产性服务投入其他行业的生产中。以下我们从各个服务行业占生产性服务业的比重来对中国、西方七国及其他金砖国家的部门特征进行比较分析，如表3-11、表3-12所示。

表3-11 中国与七国集团生产性服务业各行业的比较分析

单位：%

行业	美国	英国	德国	法国	日本	加拿大	意大利	七国平均	中国
批发零售贸易与修理业	6.02	5.46	5.59	8.02	13.04	11.49	14.77	9.20	7.49
旅馆和餐饮业	2.42	1.70	1.00	3.05	0.00	3.29	3.37	2.47	16.12
运输与仓储业	5.59	14.86	14.57	11.19	10.04	9.55	14.87	11.52	20.81
邮政与电信业	8.80	7.21	6.73	6.82	8.80	2.37	6.17	6.70	10.59
金融保险业	18.25	11.18	19.50	15.59	18.65	19.95	13.19	16.62	12.45
房地产	13.14	6.08	10.87	9.34	7.02	6.76	10.49	9.10	5.48
租赁和其他商务活动	8.61	28.81	25.79	31.95	24.4	16.23	22.88	22.67	14.62
计算机及相关服务	3.07	6.19	3.17	4.36	6.09	7.21	5.62	5.10	—
研究与开发	13.38	0.81	0.48	1.06	0.73	—	0.71	2.45	0.72
教育	0.62	3.62	2.53	1.38	0.20	1.12	0.98	1.49	1.63
公共服务及国防社会安全	3.68	1.91	1.03	1.22	0.55	3.70	0.07	1.74	—
卫生及社会服务	0.60	5.23	0.83	1.19	0.72	7.79	1.60	2.57	1.50
其他团体、社会和私人服务等	15.82	6.95	7.91	4.83	9.76	10.53	5.29	8.73	8.59

资料来源：根据OECD组织投入产出数据计算得出。

表3-12 金砖国家生产性服务业各行业的比较分析

单位：%

行业	中国	印度	俄罗斯	巴西	南非
批发零售贸易与修理业	7.49	10.50	37.92	12.18	12.47
旅馆和餐饮业	16.12	7.44	—	2.85	0.98

续表

行业	中国	印度	俄罗斯	巴西	南非
运输与仓储业	20.81	16.71	34.40	11.87	8.01
邮政与电信业	10.59	7.34	—	22.03	17.43
金融保险业	12.45	15.85	7.32	18.40	27.12
房地产	5.48	0.12	—	6.13	10.30
租赁和其他商务活动	14.62	6.10	4.09	21.97	14.95
计算机及相关服务	—	1.96	—	—	—
研究与开发	0.72	—	8.18	—	—
教育	1.63	4.59	—	0.61	—
公共服务及国防社会安全	—	23.04	—	1.20	5.26
卫生及社会服务	1.50	2.10	0.80	0.31	1.38
其他团体、社会和私人服务等	8.59	4.25	7.30	2.45	2.09

注：由于金砖国家某些服务行业缺乏统计，可能导致其他行业的相对比重存在一定偏差。
资料来源：根据 OECD 组织投入产出数据计算得出。

（1）研究与开发行业。西方七国研究与开发行业占生产性服务业平均比重为 2.45%，其中，美国研究与开发行业占生产性服务业的比重远高于其他六国和金砖国家。美国是服务经济最为发达的国家，第三产业内部的创新活动较为频繁。另外，美国的市场机制较为成熟、研究与开发行业的市场化程度更高，服务企业可以通过外部市场获得研发服务。中国在服务创新领域与发达国家之间还存在着较大差距。

（2）计算机及相关服务业。计算机及相关服务业占生产性服务业的比重在一定程度上体现了第三产业的信息化程度。西方七国计算机及相关服务业占生产性服务业的平均比重为 5.10%，加拿大最高，美国最低，这主要与美国逐渐将计算机业务外包出去有关。印度在金砖国家中则表现较为突出，印度凭借其成本、区位与语言优势，在 20 世纪 90 年代紧紧抓住美国与欧洲国家经济持续增长带来的市场机遇，大力发展计算机、软件、信息服务产业,培育出了一批大型的软件公司。此外,印度政府放宽了软件企业海外收购的有关限制,使印度软件企业通过收购兼并向集团化和跨国化方向发展。

(3)批发零售贸易与修理业、运输与仓储业。金砖国家批发零售贸易与修理业占生产性服务业的比重由高到低依次是俄罗斯、南非、巴西、印度、中国,运输与仓储业占生产性服务业的比重由高到低依次是俄罗斯、中国、印度、巴西、南非。金砖国家批发零售贸易与修理业和运输与仓储业占生产性服务业的比重绝大多数都高于西方七国的平均水平。这主要是由于金砖国家第三产业正处于数量扩张阶段,第三产业中实物投入的相对比重偏高,导致批发零售贸易和修理业以及运输与仓储业占生产性服务业的比重较高。

(4)邮政与电信业。金砖国家中,中国、巴西和南非邮政与电信业占生产性服务业的比重高于西方七国的平均水平。邮政与电信业主要提供信息流通服务,信息流通服务可以代替服务消费过程中生产者和消费者的相对位移。邮政与电信业的比重高,说明中国等国家信息流通对人员流动的替代作用要高于西方七国的水平。

(5)金融保险业。中国金融保险业占生产性服务业的比重低于西方七国的平均水平和俄罗斯之外的金砖国家。金融业主要提供金融服务,其中主要是资金融通服务。金融业的比重低,说明中国金融业提供的金融支持作用要低于其他国家。金融保险业作为典型的知识和资本密集型产业,也是最典型的现代生产性服务行业,中国与其他国家的差距十分显著,主要原因是中国金融保险业起步较晚,金融市场还未成熟。

(6)其他行业。中国、印度和巴西的旅馆和餐饮业的比重均高于西方七国平均水平,显示中国生产性服务业的劳动密集程度较高。中国租赁和其他商务活动的比重远低于西方七国,这也是中国与西方七国差异最大的行业,表明中国生产性服务的知识密集程度较低,提供专业化的知识密集型服务的能力较为欠缺。中国教育、其他团体、社会和私人服务业与西方七国差异不大,而房地产和卫生与社会服务业的比重低于西方七国的平均水平。

总体来看，中国生产性服务业中批发零售贸易与修理业、旅馆和餐饮业等劳动密集型行业的比重较高，而研究与开发、计算机及相关服务、商务服务等知识和技术密集型的行业比重较低。需要指出的是，生产性服务业的行业构成仅反映了生产服务业的内部结构，考虑到中国生产性服务业的整体比重较低，即使是占生产性服务业比重较高的服务行业，其提供的生产服务仍然是偏低的。

3.5 中国生产性服务业发展相对滞后的原因分析

第一，中国经济发展水平不高，服务经济的整体发展水平较低，第三产业和生产服务业的比重也不高。一方面，第二产业的低比重限制了第三产业对服务型生产资料的需求；另一方面，生产服务业的低比重制约了生产服务业为第三产业提供服务型生产资料的数量。

第二，中国服务业的市场化程度较低，第三产业内部分工和专业化程度不高，服务企业之间的分工协作体系还未充分建立，对服务型生产资料的需求被局限在企业内部。服务业市场机制还不完善，法治水平不高，司法体系对服务产品特别是创新型服务产品产权和交易契约的保护不完善；市场中信用机制缺失，市场诚信程度较低；影响市场体系运行效率的信息咨询、法律、会计、审计、评估服务等市场中介服务发展不充分。这些都导致市场交易成本较高，阻碍了服务企业通过外部市场获取生产服务产品。

第三，中国目前正处于工业化进程中，生产服务业主要为第二产业提供工业生产服务，服务型生产资料主要被投入第二产业，一定程度上削弱了生产服务业为第三产业提供服务型生产资料的功能。这与同处于工业化初级阶段的印度第三产业生产服务的情况类似。

第四，中国服务业市场开放程度与发达国家相比还是偏低的，对"自然人流动"和"商业存在"的限制较为严格，在一些部门，对外国和私人资本进入市场设置了准入障碍,这些部门包括电信、银行、保险、法律服务等,大多数主要服务行业的国家控制度较高。这导致中国参与服务业国际分工的程度较低,与制造相比,承接生产服务业国际转移的能力有限。一般情况下,贸易自由度越大,该行业的国际竞争力越强。生产性服务业兑现开放承诺,通过服务市场开放,引进外资、国外先进技术和管理经验,有助于提升我国生产性服务贸易国际竞争力。而我国部分生产性服务行业如金融、保险、通信等还存在垄断现象,市场准入限制过于严格,导致我国生产性服务行业缺乏竞争和活力,阻碍国际竞争力的提升。

第五,中国第二产业的信息化程度不高。政策导向偏重于制造业的信息化,对服务业信息化认识不足。服务业信息技术的应用水平滞后于实际需求,信息化进程中注重有形的信息基础设施、技术设备的投入,而忽视了与之相关的无形信息服务的投入。

第六,中国科技水平不高、高素质人才较为缺乏,知识和技术密集型的高端生产性服务业缺乏足够的要素支持,限制了生产性服务行业中专业性服务,如金融保险服务、商务服务、信息服务等的发展。

发达国家的经验表明,随着经济发展水平的提高,生产性服务业比重的增长是必然的趋势。应当看到,在未来一段时间,随着中国服务经济的加快发展,经济发展从工业化阶段向后工业阶段转变,第三产业从"数量扩张"向"质量增进"阶段演进,生产性服务业占第三产业投入的比重将呈增长趋势,生产性服务业的行业结构将逐渐得到调整和优化。

3.6 本章小结

本章在介绍全球生产性服务业发展特征与趋势的基础上,对中国生产性服务业的发展现状展开分析,一方面对中国生产性服务业总体特征进行了阐述,另一方面分别从总体发展水平、内部结构、各部门发展水平等角度对中国生产性服务业进行了投入产出数据分析。同时，利用国际投入产出数据对中国生产性服务业发展状况与西方七国和金砖国家进行了比较分析，并总结了中国生产性服务业发展相对滞后的原因。

4 生产性服务业国际竞争力形成机理分析

要对生产性服务业国际竞争力进行深入分析,就必须详细分析生产性服务业国际竞争力的具体内涵以及促使这种竞争力形成的运行机制,即生产性服务业国际竞争力的形成机理。要对其进行深入探究,应从深层次上把握运行规律,才能搭建合理的生产性服务业国际竞争力的评价体系并进行客观评价。

生产性服务业国际竞争力的形成与该产业的产业特征及发展模式密切相关。本章主要根据生产性服务业产业特征、发展模式及国际竞争力的相关分析框架,对生产性服务业国际竞争力的形成机理和提升生产性服务业国际竞争力作用机制进行探究。

4.1 生产性服务业的特征

生产性服务业从其功能角度看,是为提高生产效率、促进工业技术进步和产业升级提供保障的服务行业。生产性服务业目前包括三个组成部分:一是基本的生产服务,即源于制造企业生产前后需求的各种服务;二是嵌入到制造业价值链的生产性服务业,即源于从制造企业内部价值链中分离出来的生产性服务环节;三是为生产性服务业提供服务的服务,即源于生产性服务业发展进步过程中所需的新的服务,如为金融企业提供的金融服务。

生产性服务业作为服务业一个分支,具有一般服务产品都具备的特点,即不可存贮性、非实物性、时空高度一致性和环节交错性。因生产性服务业的本质是对生产过程进行更为专业和精细化的分工,把原企业内部进行的服务工作外置,为制造业提供智力支持和服务,并提高制造业生产效率降低交易成本。所以,与传统服务业相比较,生产性服务业是一种高附加值、高科技含量、高产业带动、高人力资本投入、高开放度、低环境污染、低能源消耗的现代服务业。概括而言,生产性服务业主要具备六个方面的特征,如图4-1所示。

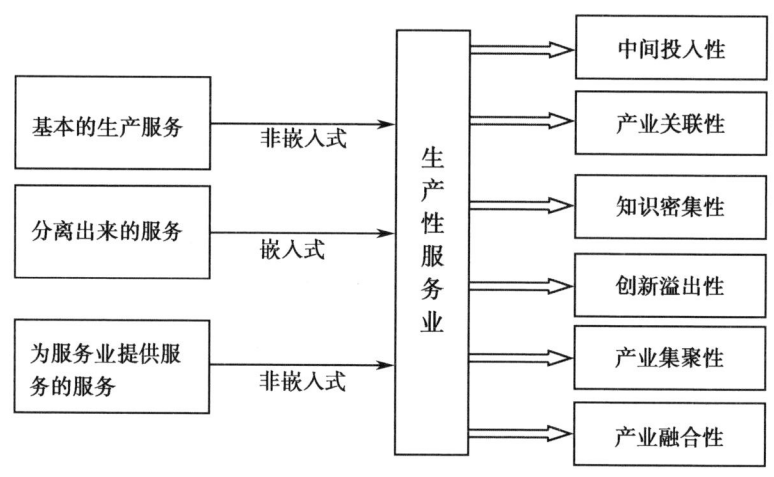

图4-1 生产性服务业特征

(1)中间投入性。生产性服务业区别于其他类型服务业的最显著特征就是中间投入性。Coffey J. 和 Bailly(1991)等指出,生产性服务业承担了中间需求品的功能,其被用作生产商品或提供新的服务,提高了产业的生产效率,向社会提供更多更有效的服务。因此,对于生产性服务业的消费是为提高效率、创造更大价值而进行的一种中间性的消费,而不是一种最终消费。

(2)产业关联性。所谓产业关联性是指不同产业之间的相互影响和相互作用,其中,产业关联性又分为前向关联性和后向关联性。产业的前向关联性指某产业与吸收其产出的产业之间的联系,产业的后向关联性指某产业与为它提供投入的产业之间的联系。从产业的关联性看,嵌入式生产性服务业与制造业的关联性更强。但随着工业化进程的推进，生产性服务业与服务业的产业关联性会更加突出。在发达国家，为服务而服务的内容及形式的高度发达是其服务经济的关键特征之一。

（3）知识密集性。生产性服务业是把人力资本和知识资本引入生产过程的重要渠道，其所包含的法律、金融、计算机、信息咨询、会计等服务具有明显的知识密集性特征。Walker 和 Gruble（1989）认为，生产性服务业使劳动力和物质资本展现出更高的生产率，使商品和服务质量提升。特别是大量高素质人才进入生产与制造领域，提供专业化高水平的技术服务。因此，生产性服务业被称为是"将日益专业化的人力资本和知识资本引进商品生产的飞轮"。

（4）创新溢出性。生产性服务业对高新产品的研发和高新技术的创新具有重要的促进作用，它能更好地促使具有关联性的部门进行技术创新和新产品开发，是社会经济体系中最活跃、创新能力最突出的一个部分（Markusen R., 1989）。一方面，生产性服务业增加人力资本和知识资本的投入从而进一步使租金专业化水平提高；另一方面，生产性服务业与现代信息产业结合，充分运用发达的信息技术间接降低交易成本。因此，生产性服务业既是知识和技术创新的主体，也是创新溢出的主要平台和媒介。

（5）产业集聚性。由于生产性服务业是知识密集型行业，对服务水平、规模和范围及业务创新性要求较高，因此具有一定的行业优势，这种优势的不断累加逐渐形成服务要素的集聚。此外，生产性服务业的空间集聚在全球范围内极为普遍，通常情况下集中在大都市或产业园区内，并逐渐成为地方产业整体发展水平的代表性产业。生产性服务业集聚在大都市区主要在于该区域内具备生产性服务业发展的基础条件，包括有利的科研条件、高素质的劳动力、便利的交通和庞大的市场需求等。

（6）产业融合性。生产性服务业产生于较高程度的社会化分工，它的发展主要依靠制造业，并贯穿企业生产的整个产业链条。生产性服务业与制造业随着企业发展不断融合、相互促进，生产性服务业不论是对制造业的产前和产中，还是制造业的产后服务都对制造业产业价值的实现和提升起着不可或缺的作用。与此同时，生产性服务业在其产业内部也在不断融合，并出现了许多新兴的产业形态。例如，生产性服务业通过数字化和信息化的高科技手段对图像、文字、影像、语言等内容进行整合而后提供数字服务，体现了生产性服务业与信息、传媒、互联网以及传统艺术等产业的融合趋势。再如，现在应用较多的电子商务服务，大体上讲，电子商务服务就是对金融、物流、通信等产业运用互联网、物联网、数据库等高科技手段进行全面整合，以实现现代商业活动的信息化、数字化、便捷化。电子商务服务涉及管理、营销等方面内容，是产业融合的一个典型案例。

4.2 中外生产性服务业发展模式分析

跨国资本流动速度加快、国际竞争日渐激烈以及世界范围内产业分工格局重新洗牌，产业集群化、制造信息化、研发全球化、经济体系服务化等发展趋势日渐显著，西方发达国家逐渐倾向于产业结构服务化。生产性服务业逐渐成为全球范围内各个国家产业发展的主要趋势。Sassen（1991）、Bailly（1995）、Bagchi-Sen（2001）、李江帆（2004）、芮明杰（2012）[①] 等国内外众多学者的研究表明，伦敦、纽约、东京等典型的国际化大都市圈对整个地区以及周边区域起到了强大的带动作用，并且已经逐渐趋向成熟，成为其他地区借鉴的典范。本书选取伦敦、纽约、东京以及中国长三角地区为例，对这几个典型都市圈的生产性服务业发展模式和经验进行比较分析。

4.2.1 伦敦模式：深厚历史积淀＋产业升级替代模式

伦敦都市圈，以伦敦—利物浦为轴线，包括伦敦、伯明翰、谢菲尔

---

① "大都市"是一个以单一中心城市为核心、可以当日往返通勤的日常生活圈，是单体城市区域的概念，而"大都市圈"是个城市群的概念，而且在城市群之间有着经济和社会密切联系的特征。

德、曼彻斯特、利物浦等数个大城市和众多中小城镇，是英国全国性的政治、经济、文化中心。伦敦是现代资本主义和工业革命的发源地。18世纪60年代以后，英国工业革命致使其在纺织、钢铁、重型机械等传统工业领域出现了史无前例的增长。但1950年以后这些产业沦为"夕阳工业"，大量工业企业被淘汰。面对产业发展的衰落态势，在20世纪80年代前后，伦敦逐渐开始扶持和鼓励金融产业，并在短时间内一跃成为全球的最大金融中心之一，其承担了全球最大的保险市场、黄金高速流动的交易市场以及拆解业务市场。经过20多年的高速扩张，伦敦逐渐放缓了金融服务业的发展速度。此后，非嵌入式和嵌入式的物流服务、信息服务等生产性服务行业凭借制造业产业结构不断的优化升级和生产性服务业不断加深其专业化分工，同样获得了较大的发展。近些年来，随着又一轮经济结构的优化调整，创意产业再一次给伦敦带来了经济发展的契机。创意产业的发展降低了伦敦对能源的依赖程度，为城市的可持续健康发展提供了一个方向。截至目前，伦敦在设计、广告、出版、软件与计算机服务等创意产业的发展成就已经超过了金融服务业所带来经济效益，其已经成为了一座名副其实的"创意之城"。

伦敦都市圈生产性服务业发展模式（见图4-2）的成功主要源于两点：

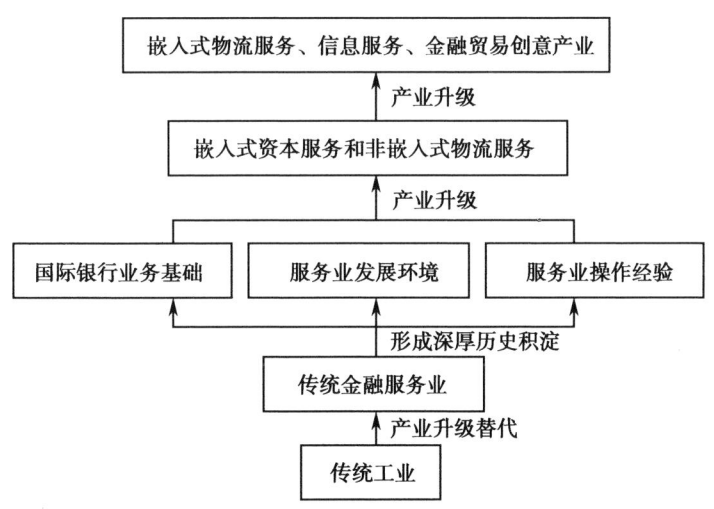

图 4-2　伦敦都市圈生产性服务业发展模式

一是深厚的历史积淀。伦敦都市圈生产性服务业的发展是其深厚的历史积淀的产物。早在17世纪，尽管当时生产性服务业种类比较单一，仍处于萌芽状态，但伦敦根据自身的实际情况，充分利用现有的商业基础，全面扶持保险、股票和投资等行业，为日后这些行业的腾飞打下了良好的基础。到了18世纪，伦敦最先开始发展近现代生产性服务业，率先兴起的金融、航运、国际商务等国际性的商务交流，促使伦敦成为第一个全球金融和航运中心。特别是在1870~1914年，伦敦都市圈达到了其发展历史的鼎盛时期。

二是产业升级替代。产业升级替代是指通过大力发展科学技术，以高新技术产业逐步替换科技含量较低的传统行业，用高附加值产业替代低附加值产业，这是目前效益最高、程度最彻底的产业转型升级模式。伦敦曾经是工业之城，而今已演变成信息服务、金融贸易创意产业的中心，这是产业升级替代模式成功的典型案例。伦敦都市圈产业升级替代的成功得益于政府的积极规划和引导创新，政策研究和政策推进相结合，为中小企业发展创造有利条件。

4.2.2 纽约模式：制造业转型拉动模式

纽约都市圈包括波士顿、纽约、费城、巴尔的摩和华盛顿5个大城市，以及40个10万人以上的中小城市，是美国最大的经济中心，也是世界金融与贸易中心、文化和信息中心，纽约占据了区域内的核心地位。

纽约最早是一个商贸城市，商贸的发展吸引了大量的资本集聚，为其后来制造业的发展和金融中心的形成奠定了基础。19世纪工业革命爆发后，在区位优势、技术创新、政策引导等因素的推动下纽约制造业迅速发展，并于19世纪末成为美国最重要的制造业中心之一。第二次世界大战后，随着新科技革命的兴起，美国西海岸地区成为美国经济发展新的增长点，纽约传统制造业急剧衰落，大量制造业总部搬离纽约，失业人数显著增加。面对危机，纽约开始大力发展金融业、保险业、房地产业、商务服务业等生产性服务业，服务业就业比重从1950年的

66.2%逐渐提高到1970年的75.9%。特别是20世纪90年代，信息技术革命极大地推动了制造业转型，大量专业性生产性服务从生产过程中独立出来，进一步加速了生产性服务业的发展。2005年以后，纽约服务业产值占GDP的比重均达到并保持在90%左右。纽约成功地将其自身塑造为金融中心、国际商务中心、公司总部中心，集聚了最完备、最先进的生产性服务业向全球市场提供服务，在金融服务、创意设计产业、信息和专业服务等方面处于全球领先地位。

纽约都市圈生产性服务业发展模式的主要特点是制造业转型拉动生产性服务业的发展（见图4-3）。由于美国具有雄厚的科研教育实力、注重技术开发的企业传统，也是众多高新技术的发源地，创新和技术进步使得制造业得以升级。高新技术的产业化也会衍生出新的产业形态，制造业产业链被拉长，产生出大量的中间需求，生产性服务业有了发展的空间。制造业生产环节的一部分外部化是嵌入式生产性服务业的最初发展，再加上高新技术产业化引致的全新生产性服务业需求，这使得生产性服务外包种类和数量增加。随后，非嵌入式生产性服务业和为生产性服务业服务的服务业（如金融衍生品服务）也发展起来。这些都导致生产性服务的专业化和规模化，服务成本降低，服务质量提高。进而推动自主创新、制造业的进一步升级和生产性服务业的进一步壮大。正是制造业转型升级拉动生产性服务业发展，纽约从以制造业为主转型升级成为以服务业为主的产业结构。

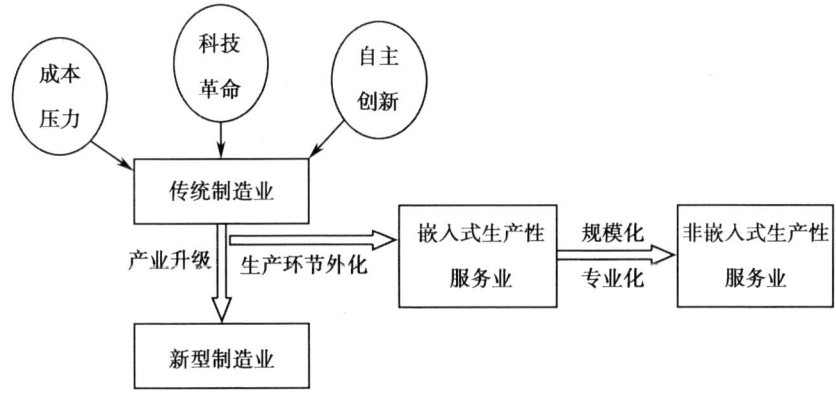

图4-3　纽约都市圈生产性服务业发展模式

4.2.3 东京模式：政府推动＋知识吸收与创新模式

以东京市区为中心，半径 80 千米，东京都、埼玉县、千叶县、神奈川县共同组成了东京都市圈。东京是目前世界 500 强总部最多的城市，是从"制造基地"到"总部基地"成功转型的城市典范。"二战"中日本经济受到严重冲击，"二战"后重建时期东京率先实施钢铁、机械、化工等重化工业优先发展战略。20 世纪 60 年代，随着日本经济的快速发展，东京开始向后工业化阶段发展，服务业产值和就业的比重开始增长。20 世纪 70~80 年代，重化工业发展带来的环境污染、能源危机等问题日益严重，东京的钢铁、化工等重化工业部门开始向都市圈外疏散，产业结构由以制造业为主转变为以服务业为主，以金融业、保险业、房地产业和商务服务业为代表的生产性服务业逐渐成为推动东京经济发展的主导力量，信息服务、专业服务、租赁、娱乐传媒等行业开始显现出其在东京都市圈经济中的巨大贡献力。与此同时，生产性服务业发展带来的技术进步使东京的制造业表现出比以往更强的竞争力，家用电器、精密器械、汽车制造、石油精制、电子部件制造、印刷出版、医药品制剂制造等先进制造产业得到强力支撑，东京的制造企业在世界仍处于领先地位。

政府及其制定的产业政策在东京生产性服务业发展中具有极为重要的作用，日本政府从 20 世纪 50 年代后期开始，相继制定了首都圈、近畿圈和中部圈三大都市圈的整备规划，且每 10 年左右修订一次。首都圈整备规划修订过程中关于东京都市圈卫星城的建立和东京全国管理中枢的定位等相关的规划都直接或间接地为东京都市圈进行产业结构优化升级、转型提供了有利的外部环境。进入 21 世纪以来，随着《信息技术国家基本战略草案》和《国家产业技术战略》的出台，日本全面考虑东京其自身在技术、资源、服务等要素聚集的特点，有选择性地将全国的信息技术服务产业与生产性服务业建立在东京地区，逐步促进东京都市圈的形成。此外，东京凭借其在教育、科技以及文化等方面的优势逐步形成了全国的知识服务中心；凭借其港口和独特的海洋地理优势，大力发展海洋运输和物流业。

东京生产性服务业高速发展的核心动力源自于对知识的吸收与创新（见图4-4）。"二战"以后，日本加快对国外先进技术的引进和学习，这为日本整个制造业的复苏、发展以及飞跃打下了坚实的基础，日本享誉世界的精益生产模式就依赖于这种优质的产业发展程度较高的生产服务配套设施。东京聚集了大批高素质人才和科研人员，并凭借这种人才优势集中力量发展"高精尖新"的新型知识密集型产业，将原有的批量大规模生产工厂变成以产品研发为核心的新型企业，促使传统的制造业向生产性服务业靠近。伴随这种导向性政策，日本逐渐出现了一大批以高新技术为核心竞争力的新型服务业，例如风险投资、信息加工等。另外，很多跨国集团的首脑建立在东京，必须持续地进行生产性服务产品种类的研发来满足日益增长、不断扩展的产业链的发展需要，最后实现对全球生产和资本的高效控制。

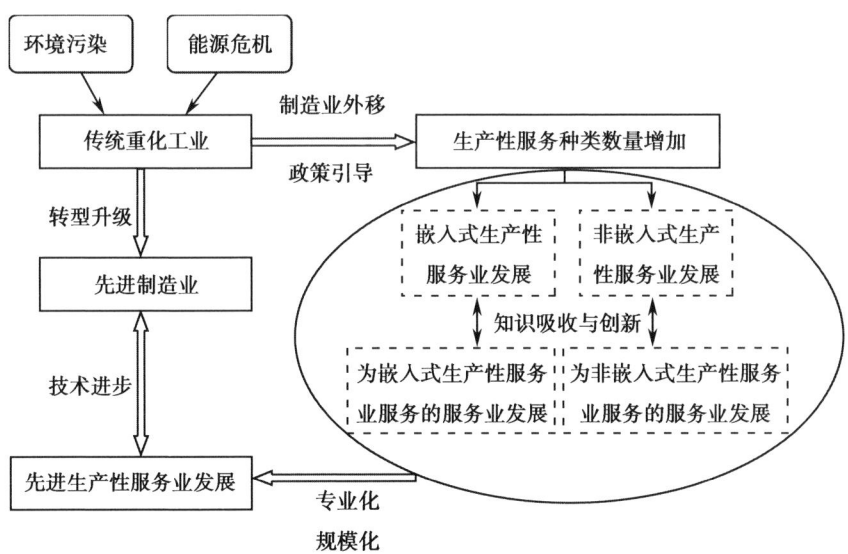

图4-4　东京都市圈生产性服务业发展模式

4.2.4 长三角模式：承接外包 + 发展总部经济模式

以上海为中心的中国长江三角洲（以下简称"长三角"）都市圈，包括上海、江苏、浙江以及安徽的合肥、马鞍山、芜湖、滁州、淮南共30个市。长三角是中国经济最发达的地区，被视为中国经济发展的重要引擎。中国长三角都市圈的生产性服务业发展水平在中国是最高的，与伦敦、纽约和东京相比，其发展模式具有自己鲜明的特色，其仅处在为制造业提供服务阶段，且都市圈内不同城市的发展水平也有很大差异。

早在20世纪20~30年代，上海便已经有了门类齐全、规模庞大的服务业体系，大量的银行、保险公司、证券交易所等机构集中在外滩地区，1949年以前，上海一度成为远东第一大金融中心。新中国成立后，从第一个五年计划开始，上海经济发展开始向第二产业倾斜，服务业发展受到抑制。20世纪70年代末，上海已发展成为中国最大的综合性工业基地。改革开放以后，特别是20世纪90年代初实施浦东开发战略后，上海加速了产业结构的调整。1999年，上海服务业总产值超过第二产业，2014年上海第三产业增加值占上海市生产总值的比重达到64.8%，其中生产性服务业占到40.5%。上海作为生产性服务业的中心，一方面承接国际生产性服务外包，另一方面大批外来先进生产性服务业进驻，作为总部经济基地为长三角地区的制造业提供重要支撑，长三角都市圈生产性服务业发展模式如图4-5所示。

20世纪末，在知识经济和新技术革命推动下，发达国家率先发起了低端生产性服务业向国外其他地区转移的制造业转移浪潮。中国长三角地区凭借其开放度高、制造业基础好、市场机制较完善以及低廉的人力成本、便利的交通等优势，承接了大量发达国家向外转移的初级生产性服务业。虽然主要承接的是以物流、信息服务为主的服务层级不高的非嵌入式生产性服务业，但仍推动了上海生产性服务业的孕育和发展。随着开放程度的不断提高，各项优惠政策吸引跨国金融机构纷纷集聚上海，长三角都市圈承接的技术和知识密集型的国际服务业项目也日渐增

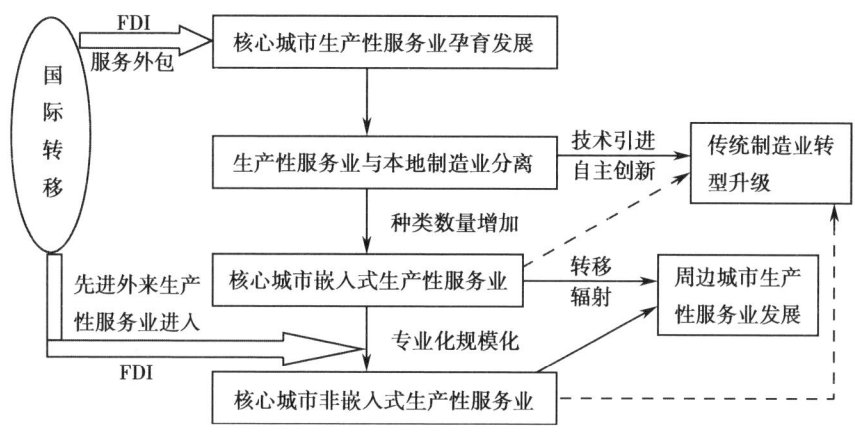

图 4-5 长三角都市圈生产性服务业发展模式

多，嵌入式的资本服务业、信息服务业、知识技术服务业等成为长三角都市圈 21 世纪生产性服务业发展的新亮点。上海总部经济发展迅猛，截至 2014 年底，上海已承载千余家以投资型和研发型为主的全球跨国公司，总部经济占外商直接投资的两成以上。尤其是"上海自贸区"的建立，更使得大批外国生产性服务机构入驻上海，并极大地带动了长三角都市圈其他城市生产性服务业的发展。长三角都市圈各城市间彼此互补性和区域协调性很强，嵌入式生产性服务业是当下上海着重扶持和鼓励的产业，处于底层的非嵌入式生产性服务业不断地向长三角经济区其他地区转移。受到上海的辐射作用，长三角地区各个城市的生产性服务业整体发展程度明显比中国其他地区高。

4.2.5 中外生产性服务业发展模式经验总结

4.2.5.1 集群是生产性服务业发展的重要特征

生产性服务业的规模经济和集聚效应与制造业相比更加明显。基于区位差异和自身基础条件的不同，发达国家生产性服务业形成了各自互不相同的集聚模式，主要包括四种模式：

一是南苏格兰区的卫星平台式集聚模式。1970 年，南苏格兰地区政府推出许多金融发展优惠政策，成功吸引了大量大型金融企业到该地区拓展业务,形成了金融业集聚区。该模式主要特征是:政府优惠政策产生了重要的推动作用,集群中企业的联系通常以上下级垂直联系为主,横向联系相对较少。

二是东京周边的马歇尔新产业区模式。许多生产性服务企业集聚在东京周边的一些副中心区,这些企业有的以新产品开发研究为重点、有的以金融信息服务为重点,形成技术创新企业集群或金融业集群。这些企业集群通常以小企业为主,集群内部的专业化分工协作与竞争关系较为复杂,且与区域外企业合作的密切度较低。

三是纽约曼哈顿商务区的轮轴式集聚模式。纽约曼哈顿商务区集中了大量的金融机构和大公司总部,因此吸引了大批商务服务、会计服务、人才服务企业集聚于此。该模式主要特征是其他企业以关键企业为核心,沿价值链上下游及水平方向全方位开展合作,进而形成产业集群。

四是政府主导型集聚模式。这种集聚模式与轮轴式模式比较相似,以政府掌控的科研院所和大型国有企业等为核心,吸引配套中小企业形成集聚区。

4.2.5.2 信息技术成为生产性服务业加速发展的主导因素

信息技术由制造业向服务业全面渗透,生产性服务业信息化、网络化趋势日益显著。

一方面,信息服务业成为增长较快的生产性服务业之一。印度在计算机和信息服务贸易方面表现出了绝对的竞争优势。印度凭借其成本、区位与语言优势,在20世纪90年代紧紧抓住美国与欧洲国家经济持续增长带来的市场机遇,大力发展计算机、软件、信息服务产业,培育出了一批大型的软件公司。印度政府放宽了软件企业海外收购的有关限制,使印度软件企业通过收购兼并向集团化和跨国化方向发展。此外,还在政策性金融机构设立软件产业风险投资基金,为软件企业提供信贷扶持,推动符合条件的软件企业上市融资。

另一方面,其他生产性服务业基于信息技术发展而被赋予了新的内涵。比如，发达国家物流业广泛应用物流信息系统和电子数据交换（EDI）技术，以及条形码、卫星定位系统（GPS）及无线电射频技术等，实现了由资源密集型战略向信息密集控制型战略的转变。

4.2.5.3　政府产业政策和法律法规是生产性服务业发展的重要保障

生产性服务业起步初期，发达国家通过积极出台扶持引导政策，保证了生产性服务业的投资来源并推动了生产性服务业的快速发展。例如，美国运输服务业国际竞争力较强主要缘于美国政府为物流业发展提供的良好制度环境及物流基础设施投入等方面的一系列努力。美国政府通过担保贷款、税收优惠、低息贷款以及其他形式补贴的途径参与以保证物流系统的投资来源。法律法规的间接调控也是发达国家推动生产性服务业发展的重要举措。在信息服务业方面，美国政府先后颁布了《电子信息自由法案》《个人隐私保护法》《公共信息准则》等法律法规，对促进信息服务业发展起到了非常关键的作用。在商务服务业方面，美国、英国、日本等都制定了相应的法规或专业资格认证程序，从制度上保证了商务服务人员的业务水平、服务运作的规范化进程以及契约签订的严谨程度。

4.2.5.4　人力资本是生产性服务业发展的重要支撑

生产性服务业是技术密集型行业，从业人员的知识储备、专业化水平对生产性服务业发展起决定性作用。发达国家都建立了多层次的人才培训体系和科学的人力资源开发利用体系，以保证为生产性服务业发展提供大量专业人才。美国硅谷能够成为世界著名的软件产业集聚区，主要得益于斯坦福大学、加州大学伯克利分校等高等院校提供的相对优惠和诱人奖学金制度，通过给留学生较多照顾，达到世界范围内笼络优秀人才的目的。

4.2.5.5　市场机制是生产性服务业发展的重要推动力

发达国家逐步放松具有垄断性质产业的规制，引入竞争和多元化投资机制，促进了生产性服务业的进步和自由发展。例如，美国政府逐步放宽对公路、铁路、航空等运输市场的管制，放松由承运人提供的有关价格、服务以及承担义务方面的限制。不断健全管理网络，推进建设各层级职责分明的物流行政、立法、司法管理机构，为各种物流相关的事务性管理工作提供了保障。美国对邮电通信业的改革主要是侧重放松规制，引入市场机制。为了消除电信行业的垄断，通过了新的电信法案，促使各类电信邮政服务的政企分开、企业化经营和市场竞争，从而有效地推动了美国通信服务业的发展。印度政府为了顺利实施"电信港（Teleport）"计划，打破了几十年由国营电信企业垄断的体制，取消了电信设备的特许生产制度，向外资开放电信产业，逐步实施电信部门私有化。目前，班加罗尔等主要软件园的"电信港"设施基本达到或超过了世界电信港的标准。

4.3 生产性服务业的国际竞争力竞争要素分析

4.3.1 生产性服务业国际竞争力内涵界定

产业国际竞争力是在国际竞争力基础上衍生而来的概念，是指以研究某一产业为目的，从产业的投入产出的角度出发，评价某一国家某一特定产业的国际竞争力。一个完整的产业竞争力概念，应说明竞争主体、竞争对象、竞争要素以及竞争结果，通俗来讲是明确谁在竞争、竞争的驱动力是什么、通过什么手段竞争以及竞争到最后能获得什么。

在此基础上可以这样认为：生产性服务业国际竞争力实质上是指在国际环境的大背景下，一国的生产性服务业充分利用其占有的竞争资源，调整各个生产要素之间的配置关系，优化产业布局以提高其生产效率扩大生产规模，向国内和国际市场提供更多的市场需要的生产性服务产品，从而扩大其在整个国际市场所占的市场份额获取高额利润的能力。

因产业国际竞争力的来源具有多样性，所以形成产业国际竞争力的竞争要素也具有多层次性。具体可以分为：①宏观层面，包括宏观经济状况、经济体制、法律法规等；②相关产业层面，包括产品需求、生产要素、资源、产业政策、竞争态势、战略联盟等；③企业层面，包括企业的定位、企业战略、技术创新、人才储备等；④国际层面，包括贸易障碍、国际法规、跨国公司、多边组织等。

基于以上内容，我们加以归纳总结，先从内在竞争要素和外在竞争要素两个方面梳理生产性服务业国际竞争力形成相关要素。

4.3.2 生产性服务业国际竞争力的内在竞争要素

内在竞争要素是存在于产业内部的影响产业国际竞争力的因素，在产业国际竞争力的形成过程中有关键性的作用。生产性服务业国际竞争力的内在竞争因素主要包括资源条件、企业的知识吸收与创新能力、企业素质和竞争状态、产业组织结构、产业外向度、需求条件等。

4.3.2.1 资源条件

某一产业国际竞争力形成的资源条件包括自然资源、气候、地理位置、基础设施、人力资本、资金状况等。而对于生产性服务业来讲，基础设施、人力资本、资金状况尤为重要。

基础设施是交通运输、仓储、通信、水利等行业所必需的条件，是这些行业形成和发展的基本前提。随着信息技术水平的不断更新改进，信息基础设施对生产性服务业的发展有着越来越重要的作用。生产性服务业生产要素的主要表现形式就是人力资本，人力资本是指通过教育、培训等方式，以知识、技能等形式持续投资于某一劳动力而形成的资本。人力资本区别于劳动、土地和资本等传统生产要素，它是后天形成的高级生产要素。人力资本在工作中表现为企业人员的创新思维、先进的管理方法、一流的服务意识，这些推动着生产性服务业国际竞争力的提升。

洛桑国际管理开发学院（IMD）和世界经济论坛（WEF）经研究总结出了一个国际竞争力理论，即"竞争力方程"。

$$\text{竞争资产} \times \text{竞争过程} \xrightarrow{\text{国际化}} \text{国际竞争力}$$

这里的竞争资产主要指固有的（如自然资源）或创造的（如基础设施），竞争过程则表示通过技术或服务手段将资产转化为经济结果，并通过国际市场的衡量所产生出来的竞争力。这一理论刚开始被用来研究国家竞争力，后来逐渐被用于研究产业的国际竞争力。根据该理论，竞争资产是国际竞争力的基础因素，是产业国际竞争力形成的基本条件。对于生产性服务业来讲，在日益激烈的市场竞争中，自然因素、基础设施、环境因素等其他相关的基础因素的作用和地位随着经济不断发展将逐渐降低，尤其是知识经济条件下，以人力资本为主的高级要素的作用更为突出。竞争资产对产业国际竞争力的提升具有直接的辅助作用。

4.3.2.2 企业的知识吸收与创新能力

由于生产性服务业具备知识密集性和创新溢出性特征，因此，知识吸收与创新能力对于生产性服务业的产业国际竞争力起着关键性作用。知识吸收与创新能力有利于促进企业管理与生产方式的改进；有利于提高服务效率，降低成本；有利于企业实施差异化战略；有利于进行新型服务产品的市场垄断。在知识经济和经济全球化的背景下，知识吸收与创新能力的作用日益凸显，美国电子信息产业、印度的软件业等产业国际竞争力的提升无不说明知识吸收与创新能力的重要性。

4.3.2.3 企业素质和竞争状态

企业素质和竞争状态是生产性服务业国际竞争力的重要决定因素。生产性服务业国际竞争力微观层面上来自于该产业中企业的竞争力。假如某国的生产性服务业与国际上其他国家和地区相比在产业规模、人才素质、管理水平等方面具有较为明显的比较优势，毫无疑问，该国家的生产性服务业将具有较大国际竞争力。我国大部分生产性服务企业如通信、金融、保险、咨询等与外资企业相比都存在明显劣势。

4.3.2.4 产业组织结构

产业组织结构对生产性服务业国际竞争力的形成也有重要影响。生产性服务业要形成国际竞争力必须具备一定的产业规模，这种规模效应有助于该产业提高市场占有率、降低成本，有助于集中力量进行研发创新，推动服务和技术的升级。因此，生产性服务业产业集群是目前生产服务性产业的发展趋势和潮流。集群内的生产性服务企业因为同属一条产业链，呈现横向或纵向发展态势，各个企业之间相互作用、相互促进，实现了信息、人才、技术等相关生产资料的共享，对技术创新和传播起到了促进作用，并伴随着规模的壮大获得了规模经济，全面提升了整个生产性服务业产业集群的核心竞争力和国际竞争优势。生产性服务业产业集群发展是产业竞争优势的主要来源，产业集群的程度与产业国际竞争力具有较强的正相关性。

4.3.2.5 产业外向度

产业外向度是指一国某产业参与国际分工的广度与深度。生产性服务贸易的发展水平、生产性服务业吸引与利用外资的能力、生产性服务业进行国际合作与交流的能力以及对国际上相关产业的影响力等决定了生产性服务业产业外向度的高低。既包括允许别国经济在何种程度上加入本国生产性服务业的生产经营过程，也包括本国生产性服务业在何种程度上介入并影响世界经济的生产经营与发展，以及生产性服务业在国际市场中的竞争能力。

4.3.2.6 需求条件

市场需求的规模对整个产业的规模和经营效率都有着很大影响，并且它是整个产业向前发展的核心动力，不断促进企业进行产品研发和技术创新。详细深入分析市场的整体需求结构，能够预测市场需求结构的发展趋势，应不断进行调整以满足多样化、个性化的客户需求，从而进一步提升企业的竞争优势和核心竞争力。随着我国市场经济不断发展，居民收入不断提高，可支配收入占整体收入比例不断提高，公众对各种服务的需求规模不断扩大、个性化需求不断增强。最近几年，随着我国产业结构调整步伐加快，信息技术产业快速崛起，市场结构、产业分工进一步细分，个性化市场需求规模逐渐壮大等因素将对产品研发设计、专利许可及技术转让、咨询业、金融业、保险业、运输、仓储和物流业等生产性服务业产生重大的推动作用。

4.3.3 生产性服务业国际竞争力的外在竞争要素

生产性服务业国际竞争力形成的外在竞争要素是产业外部能够直接或间接影响产业国际竞争力的因素,也可称之为产业生态环境因素。

产业生态环境是产业生态系统的构成要素之一。产业生态系统指在一定的区域和时间内,产业结构、市场环境以及生态环境之间相互影响、相互促进、相互融合逐渐形成的一种动态平衡系统。组织权变理论认为,环境是产业组织所生存依赖,并对产业组织整体或部分结构产生潜移默化影响的因素,也就是说,环境是组织发展演变的重要因素。环境因素是来自生产性服务业外部,对产业国际竞争力形成具有较强作用的因素。环境的概念较宽泛,包括企业的竞争对手、顾客、供应商、其他相关行业和企业、政府机构、公众等。在国内竞争国际化、国际竞争国内化的今天,生产性服务业面临的竞争比以往更加激烈,内容也更加复杂,因此,在探讨生产性服务业国际竞争力时,对生产性服务业所处的产业生态环境的研究是必不可少的一环。研究生产性服务业产业生态环境必须综合分析影响生产性服务业生存、发展的各种经济因素,主要包括产业政策、经济发展水平、文化背景、社会信用文化环境、国际环境等。

产业政策是政府以某一产业为作用对象,通过对该产业采取扶持、保护、鼓励等政策,积极或消极参与产业的生产、经营等过程,并且对商品市场、服务市场、金融市场等其他市场以间接或直接的干预手段影响市场机制的产生与发展,最终实现一定的经济目的和社会目的政策总称。国外经验及我国的初步实践表明,产业政策可以弥补市场机制的缺陷,可以保护幼稚产业免遭激烈竞争的冲击,在一段时期内得到迅速发展,提高产业国际竞争力。目前,国内生产性服务业的良性发展需要相关部门的扶持。当下我国生产性服务业的发展规模远远达不到国内工业发展对该行业的要求。政府对生产性服务业总的政策是,减少政府干预,加强市场机制作用,同时积极加以激励和引导,在市场准入、资本市场、行业标准以及补贴等方面制定了相应产业政策，扶持生产性服务业快速健康发展。产业政策在生产性服务业国际竞争力提升中发挥着举足轻重的作用，是产业生态环境中一个重要的变量。

经济发展水平在生产性服务业产业集群的形成和发展中发挥了突出作用。经济增长能够提高居民收入水平，促进巨大的区域性市场的形成，从而使产业国际竞争力提升。从生产性服务业发展的历史经验看，生产性服务业发展与经济关系密切，良好的经济基础能够促进生产性服务业的发展。一般来说，实体经济发达的区域，生产性服务业发展得更好。

文化背景是一个国家长期的文化积淀，即在长期发展中形成的较稳定的价值取向、思维模式、风俗习惯、伦理道德、民族精神等，这些意识形态的东西通过影响人们的行为对生产性服务业国际竞争力的形成具有一定的作用。

社会信用文化环境是产业生态环境的重要一环。信用是商品经济发展到一定阶段的产物，诚信是现代社会经济交往中最重要、最基本的要求，一个地区的社会诚信很大意义上决定了一个地区产业生态环境的优劣。由于短期经济利益的驱动，我国的诚信建设在一定程度上被忽视，政府诚信、企业诚信、个人诚信观念宣传教育不够，存在着失信得利、诚信吃亏的观念，这严重影响了我国生产性服务业的发展。许多生产性服务企业不重视诚信问题，没有把诚信当作企业的生命。比如会计师事务所帮助企业做假账、生产盗版软件、上市公司发布虚假信息等，这些不重视诚信的行为给企业造成了严重的负面影响，极大地影响了我国生产性服务业国际竞争力的提升。

4.4 生产性服务业国际竞争力形成机理的概念模型

由于生产性服务业国际竞争力形成的竞争要素中内在竞争要素和外在竞争要素包含的内容十分广泛，为了能建立一个切合实际的生产性服务业国际竞争力分析框架，本书根据生产性服务业的特征和发展模式，以波特"钻石模型"及其扩展相关理论为基础,并结合金碚提出的分析框架,即一个国家某一产业的国际竞争力的强弱,可以从结果和原因两个方面分析。从结果角度分析,竞争力直接表现为一国产品在市场上的份额;从原因角度分析,包含反映竞争结果的竞争力实现指标,反映竞争实力和潜力的直接因素指标和间接因素指标,它们表明了一国某一产业具有竞争力的原因。在此我们构建了生产性服务业国际竞争力形成机理的概念模型,如图4-6所示。

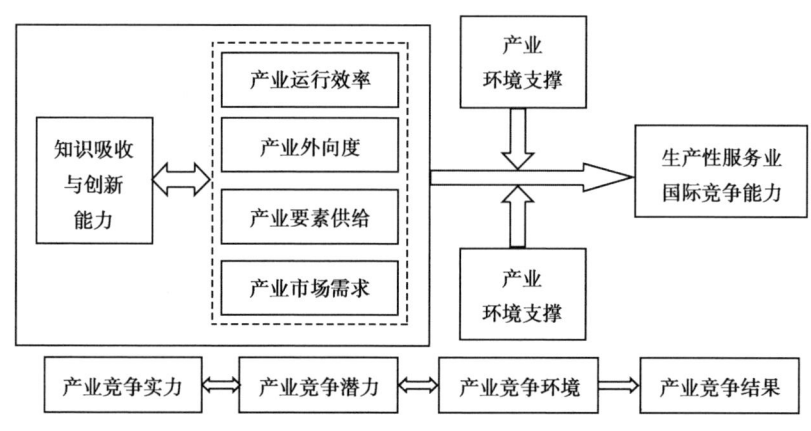

图4-6 生产性服务业国际竞争力形成机理的概念模型

生产性服务业国际竞争力的形成是一个多维度的复杂动态体系,应该是竞争实力、竞争潜力、竞争环境所构成的一个相互支撑、相互作用的系统。其中,知识吸收与创新能力是生产性服务业国际竞争力的核心,是影响产业竞争力的关键要素。知识吸收与创新能力、产业运行状态及产业外向度构成了生产性服务业的产业竞争实力。产业要素供给能力和产业市场需求能力决定了生产性服务业的产业竞争潜力。产业竞争环境主要指生产性服务业相关产业发展程度、产业经济及政策环境、社会信用文化环境和国际产业发展环境等内容。产业竞争实力、产业竞争潜力和产业生态环境共同构成了生产性服务业国际竞争力的动力源。代表产业竞争结果的竞争能力可以用市场绩效相关指标测度。

4.4.1 生产性服务业国际竞争力形成的核心

生产性服务业内在竞争诸要素中,企业的知识吸收与创新能力尤为重要。根据生产性服务业知识密集型和创新溢出性特征,在考虑了相关文献的观点和大量的实证研究结果后,笔者认为,生产性服务业国际竞争力的核心是产业的知识吸收与创新能力。

在竞争激烈的全球市场环境中,创新对产业绩效起着十分重要的作用,而创新能力提升的重要前提是拥有充足的知识,吸收知识、融化知识,进而形成并有效利用创新能力。Cohen(1990)认为,吸收能力指企业能够识别新信息的价值、吸收新知识并将之应用于商业方面的能力。吸收能力不仅指获取、吸收知识和信息的能力,还包括利用知识和信息的能力。此外,知识吸收能力不仅取决于企业跟外部环境的直接互动作用,还取决于知识在企业内部部门间及部门内的传播情况。产业内部、外部建立广泛的、积极的交流网络的能力越强,企业内部员工个人对他人的能力的认同度越高,那么越能认识到知识的重要性。继而,不仅增强了个人的知识吸收能力,而且增强了产业的吸收能力。

创新能力是指不断地推出、实施新的创新项目,并使企业及产业获取持续竞争优势的能力。生产性服务业中的创新活动相当活跃,生产性服务业投入大量日益专业化的人力资本和知识资本进入生产和服务过程,并物化到最终产品和服务中。生产性服务业的创新从本质上讲是服务创新,主要表现在对服务概念的创新、交付系统的创新以及服务方式与技术的创新。通过多维度的创新活动,可以提升顾客价值,增强企业乃至产业的竞争力。前文所提到的创新是功能性的创新,其对金融资本的需求并不是很高,但这种功能性创新需要知识的不断丰富与积累、需要对高素质人才不断汲取、需要相应制度营造创新环境。

下面,本书通过一个数理模型,以论证生产性服务业知识吸收与创新能力在促进其国际竞争力中的作用。

在建立模型之前,我们先提出模型的几个基本假设:

假设 1：生产性服务业企业的经营绩效不仅与其要素投入量有关，还与投入要素的利用效率有关。

根据这一假设企业的绩效函数可以描述为：

$$Y = E(\ ,\ ) \times F_p \qquad (4-1)$$

式中，F_p 表示生产服务型企业的要素投入总量，$E(\ ,\ )$ 表示投入要素的利用效率。在要素利用率水平 $E(\ ,\ )$ 一定的情况下，企业的经营绩效由要素投入量单一决定。现实中，企业的要素利用率与要素投入量不能截然分开，两者之间存在一定的联系，比如，知识要素投入就与知识利用率密不可分。为了简化分析，我们假定知识要素是企业的唯一投入要素。不难得知，知识吸收能力和知识创新能力的提升会导致知识要素生产率的提高。

假设 2：投入生产性服务企业的知识要素由两部分组成：一部分是企业自身拥有的知识存量，称为内源知识 k_i；另一部分是企业从外部吸收的那部分知识，称为溢出知识 k_e。同时，企业内源知识的产出弹性要高于企业溢出知识的产出弹性。

由此可得要素利用率为：

$$E(\ ,\ ) = E(k_e, k_i, \gamma, \theta) = \alpha k_e^{\gamma} k_i^{\theta} \qquad (4-2)$$

式中，k_e 表示生产性服务企业从外部吸收的溢出知识，k_i 代表生产性服务企业的内源知识，这里的 γ 和 θ 分别表示溢出知识和内源知识的产出弹性，$\gamma, \theta \in (0,1)$ 且 $\gamma \leq \theta$，即企业内源知识的产出弹性高于企业溢出知识的产出弹性，否则，单个生产性服务企业的创新动力将完全丧失。

假设 3：生产性服务企业处于由 $x+1$ 家企业组成的企业集聚群中，任意一家企业从其他另外一家企业吸收的溢出知识是均等的 k_{e1}。

k_{e1} 表示任意一家生产性服务企业从另一家生产性服务企业那里吸收的溢出知识。

这样，一家生产性服务企业从 $n+1$ 家企业集群中吸收的溢出知识为：

$$K_e = \int_0^n k_{e1} dt = nk_{e1} \quad (4-3)$$

我们利用 π 来表示生产性服务企业的知识溢出率，则有：

$$\pi = k_{e1}/k \quad (4-4)$$

假设 4：生产性服务企业的知识总量受其自身用于知识创新的知识要素投入量 F_I 的影响，和企业从外部吸收的溢出知识有关。

因而生产性服务企业的知识总量可以表示为：

$$k = k_e^\sigma F_I \quad (4-5)$$

其中，σ 表示企业溢出知识对内源知识开发的贡献弹性。

由生产性服务企业知识存量的来源可知，$k=k_i+k_e$，所以，我们可以得到：

$$k_e = nk_{e1} = n\pi k = n\pi k_e^\sigma F_I \quad (4-6)$$

整理式（4-4），可得：

$$k_e = (n\pi F_I)^{1/1-\sigma} \quad (4-7)$$

根据式（4-6），可得：

$$K_e^\lambda = (n\pi F_I)^{\lambda/1-\sigma} \quad (4-8)$$

由于 $k_i = k - k_e$，$k_{e1} = \pi k$，所以得：

$$k_i^\theta = (k - k_e)^\theta = (k - \pi k)^\theta = (1-\pi)^\theta k^\theta \quad (4-9)$$

将式（4-5）代入式（4-3），可得：

$$k = k_e^\sigma F_I = (n\pi F_I)^{\sigma/(1-\sigma)} F_I \quad (4-10)$$

进一步得：

$$k^\theta = k_e^\sigma F_I = (n\pi F_I)^{\theta\sigma/(1-\sigma)} \quad (4-11)$$

将式（4-11）代入式（4-9），得：

$$k_i^\theta = (1-\pi)^\theta k^\theta = (1-\pi)^\theta (n\pi F_I)^{\theta\sigma/(1-\sigma)} \quad (4-12)$$

将式（4-8）和式（4-12）代入式（4-2），得：

$$E(,) = \alpha(1-\pi)^\theta (n\pi F_I)^\lambda \quad (4-13)$$

式中，$\lambda = (\gamma + \theta\sigma)/(1-\sigma)$。

由于一家生产性服务企业的要素投入量是一定的，分别配置于经营要素投入和知识开发要素投入两种用途，即：

$$F = F_P + F_I \qquad (4-14)$$

将式（4-13）代入式（4-1），可得：

$$y = \alpha(1-\pi)^\theta (n\pi F_I)^\lambda F_P \qquad (4-15)$$

因此，生产性服务企业的选择将是拉格朗日最大化式（4-15），约束条件是式（4-14）。

构建拉格朗日函数：

$$L = y - \lambda[(F_P + F_I) - F] \qquad (4-16)$$

分别对 F_P 和 F_I 求导，得：

$$\partial L/\partial F_I = \lambda\alpha(1-\pi)^\theta (n\pi)^\lambda F_I^{\lambda-1} F_P - \lambda = 0 \qquad (4-17)$$

$$\partial L/\partial F_P = \alpha(1-\pi)^\theta (n\pi)^\lambda F_I^\lambda - \lambda = 0 \qquad (4-18)$$

解得：

$$\lambda F_P = F_I \qquad (4-19)$$

又因为：

$$F = F_P + F_I$$

所以有：

$$F_I = F/(1+\lambda), F_P = \lambda F/(1+\lambda) \qquad (4-20)$$

代入式（4-15），得：

$$y = A(1-\pi)^\theta (n\pi)^\lambda F^{1+\lambda} \qquad (4-21)$$

式中，$A = \alpha\lambda^\lambda(1+\lambda)^{-1-\lambda}$。

为了分析方便，假定 $F = F_P + F_I = 1$，则有：

$$y = f(\pi, n) = A\varphi(\pi)\psi(n) \qquad (4-22)$$

式中，$\varphi(\pi) = (1-\pi)^\theta \pi^\lambda, \psi(n) = n^\lambda$。

由于 π 为生产性服务企业的知识溢出率，n 为其他生产性服务企业数目，因此，式（4-21）表示生产性服务企业的经营绩效是企业知识溢出率和聚集企业数目的增函数，而且在给定的产业技术特征和知识特性条件下，生产性服务企业产出是企业家数目的单增函数，但增幅取决于产业技术和知识特性，因为 $\partial y/\partial n = A\varphi(\pi\lambda)n^{\lambda-1} > 0$。

以上说明，生产性服务企业的知识吸收与创新能力能够提高企业的经营绩效水平，从而提高产业的国际竞争力。所以，生产性服务业产业国际竞争力形成的核心是知识吸收与创新能力。

4.4.2 生产性服务业国际竞争力的动力源

产业竞争实力、产业竞争潜力和产业竞争环境是生产性服务业国际竞争力形成的动力源。

4.4.2.1 产业竞争实力

生产性服务业的产业竞争实力主要通过知识吸收与创新能力、产业运行效率及产业外向度三个方面体现。

生产性服务业产业竞争实力主要源于生产性服务业的产业运行效率。资源要素指能给产业带来外生比较优势和低成本竞争优势的资源。对于生产性服务业而言，人力资本是最重要的资源要素。因此，产业竞争实力的关键是人力资本带来的知识吸收与创新能力。

此外，产业运行状态和产业外向度也决定了生产性服务业产业竞争实力。产业运行效率是生产性服务业产业竞争实力的直接体现，产业外向度则间接促进了生产性服务业产业生产率的提升。产业外向度较高表明生产性服务业对外投资和利用外资能力较强，充分利用外资，可以有效弥补本国产业发展的初期自有资金的不足的问题，也为该产业总体进一步发展提供了支持。产业外向度的提高，还要求生产性服务业内部各部门之间加强联系，协调发展，客观上增强了生产性服务业的整体实力。

4.4.2.2 产业竞争潜力

竞争潜力是竞争主体具有的比较优势和其他可控发展的条件，是影响生产性服务业未来国际竞争力水平的因素。生产性服务业产业竞争潜力主要源于产业要素供给能力和市场需求的拉动。

资源要素中，人力资本、金融资本及服务设施条件等决定了生产性服务业国际竞争力的要素供给能力。其中，人力资本是生产性服务业持久竞争力的来源与基础；金融资本是生产性服务业不断发展的驱动力；生产性服务业竞争力的提升实质是产业的资本、规模不断扩大的过程；

服务设施条件是生产性服务业运行的载体。

市场需求对生产性服务业的影响主要作用于产业的需求结构、规模和行为等方面。当市场需求达到一定规模时,生产性服务企业会积极参与市场竞争,通过品牌构建、服务创新、市场营销等活动开拓国内国际市场,增强企业竞争力,进而提高产业整体竞争力。生产性服务业的市场需求主要受城市化水平、制造业的中间需求、居民收入、工业化发展水平等因素的影响。

4.4.2.3 产业竞争环境

良好的产业竞争环境可以成为提升生产性服务业国际竞争力的有力支撑。生产性服务业的产业竞争环境主要包括相关产业发展程度、政府公共服务水平、市场化程度、社会信用文化环境、服务贸易国际发展环境等。

其中,社会信用文化环境主要指企业诚信度和公民的文化素质与文明程度。信用与文化也是一种竞争力。诚信度高可以营造生产性服务企业良好的社会形象,与公众建立良好的信任关系,提升企业的社会声誉,在资金和人力资源等方面得到更多金融机构和投资者的支持,整合形成更强大的竞争力。

4.4.3 生产性服务业国际竞争力竞争能力的测度

产业国际竞争力竞争能力,即竞争结果的测度多用市场绩效的相关指标表示。市场绩效是指在一定市场结构中,由一定的市场行为所形成的成本、产量、价格、产品质量、品种、利润以及技术进步等方面的最终经济效果。它反映了特定的市场结构和市场行为条件下市场运行的效率。关于生产性服务业产业国际竞争力竞争能力的评价主要包括产业规模、比较优势、市场竞争力三个方面的指标。主要评价指标如图4-7所示。

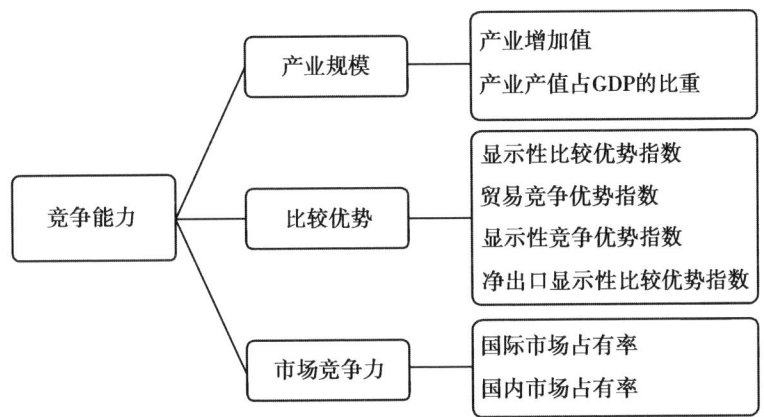

图 4-7 生产性服务业国际竞争力竞争能力评价指标

4.5 生产性服务业国际竞争力提升的作用机制分析

根据新增长理论，经济系统需要一个发动机来实现要素回报的递增和绩效的持续增长，而某一个要素无法形成这样的动力机制，必须依靠诸多要素相互作用而形成。动力机制是经济系统运行的重要方面，是各种推动力量以及推动力量作用的方式。因此，生产性服务业国际竞争力提升的动力机制应是驱动产业竞争力提高的诸动力要素的综合及其互动过程，遵循其特定的运行规则，具有一定的稳定性和规律性。诸动力要素之间相互影响、相互作用、相互渗透，有机协调，形成一个有机统一的动力机制系统，从而促进生产性服务业国际竞争力的快速提升。

对于生产性服务业国际竞争力提升作用机制中的各动力因素及其相互作用，我们综合生产性服务业国际竞争力形成机理中涉及的各竞争要素，从内源动力和外源动力两个角度进行分析研究。

生产性服务业受多方面因素的影响以及它们之间的相互作用，其国际竞争力提升的方式和速度不一而论，既受到生产性服务业产业内部机制中不同生产要素之间的相互作用，又受到外源动力机制中不同因素的相互影响与作用，更重要的是内源动力机制与外源动力机制相互融合、相互作用以及两者之间的有机统一。其中，内源动力以知识吸收与创新能力为核心，以产业竞争实力和产业竞争潜力各因子为主要内容，是生产性服务业国际竞争力提升的基础和潜力，外源动力则主要包括生产性服务业国际竞争力所处生态环境各因子，其对内源动力因子具有约束性，对生产性服务业国际竞争力的提升空间和增长速度具有决定性作用。内外动力机制相互融合、相互促进、密不可分，两者的综合运用会大大加快生产性服务业国际竞争力的提升速率。因此，应搭建内源与外源相结合的"双轮"动力驱动机制以促进生产性服务业国际竞争力的提升，如图4-8所示。

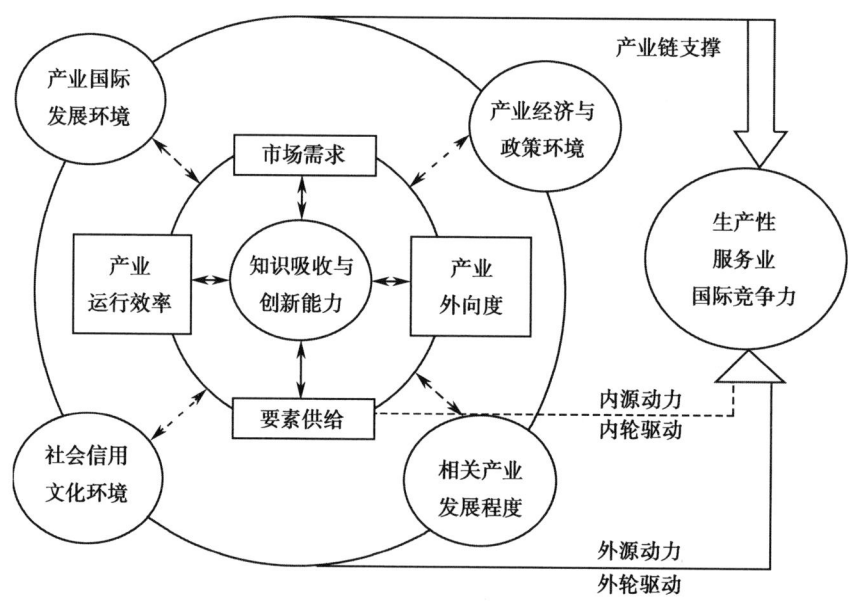

图4-8 生产性服务业国际竞争力"双轮"驱动作用机制

外源动力机制通过间接作用提升生产性服务业国际竞争力，它主要对生产性服务业的内在行为方式和运行模式产生作用。内源动力机制中，以知识吸收与创新能力为核心，以人力资源、资本资源等生产要素构成产业发展和提升国际竞争力的基础，而产业运行效率、产业集聚程度、产业外向度形成生产性服务业产业结构状态。

外源动力机制对生产性服务业的整体发展方向与产业规划有导向性作用，它构成了生产性服务业提升自身竞争力的外部条件。其中，产业经济与政策环境、相关产业发展的程度、社会信用文化环境以及国际产业发展环境等因素都会为整个生产性服务业国际竞争力发展提供机遇。当然，也会产生阻碍作用。所以，优质的生产要素是生产性服务业国际竞争力提升的重要基础和保障，生产性服务业需要产业结构的优化升级，需要政策、法律引导、调控和保障，也需要把握有利的外界环境。

4.6 本章小结

本章主要对生产性服务业国际竞争力形成的机理展开研究。在分析生产性服务业的产业特征以及具有代表性的中外生产性服务业发展模式基础上，详细阐述了生产性服务业国际竞争力内在和外在竞争要素。以此为基础，构建了以知识吸收和创新能力为核心，以产业竞争实力、产业竞争潜力和产业竞争环境为动力源的生产性服务业国际竞争力形成机理的概念模型，并提出了推动生产性服务业国际竞争力提升的"双轮"驱动作用机制。

5 生产性服务业国际竞争力评价指标体系构建与评测

5.1 生产性服务业国际竞争力评价指标体系构建

5.1.1 指标体系建立的基本原则

指标体系的合理有效设计是为了建立生产性服务业国际竞争力评价体系，实现对中国生产性服务业国际竞争力进行综合评价。因此，为了使指标的设计更为准确合理，且能够实现对生产性服务业国际竞争力评价，应遵循以下原则：

（1）科学性原则。为了实现对生产性服务业国际竞争力的评价，在选择评价指标的过程中必须以相关的理论为依据，在相关理论的支撑下可以实现所选择的评价指标真实、准确，为评价等选择提供可靠的论证基础，实现评估内容、评估方法、评估结果的科学性和有效性。

（2）全面性原则。所构建的指标体系在指标的选择过程中必须能够全面地对生产性服务业国际竞争力水平进行评价，指标的设置既要有反映产业竞争结果、产业竞争实力、产业竞争潜力、产业竞争环境等各系统环节发展的指标，又要有反映各系统之间协同发展的指标。同时，为了使评价具有可操作性，可以方便地计算和使用，要使指标体系尽量简化。

（3）主成分性原则。指标的选择过程中应具有代表性，应选择能够说明问题的典型性且具有代表性的综合评定指标，即尽量选择能够最大程度说明现有问题的指标。

（4）定量和定性相结合原则。在对生产性服务业国际竞争力评价指标体系的设计过程中发现其涉及的范围较广，需要通过定量指标和定性指标相结合的方式进行设定，设计一些无法用定量分析进行衡量但可以定性说明的指标，如知识创新及吸收能力、产业开放度等。因此，需要使用定量指标和定性指标共同对生产性服务业国际竞争力进行评价。

（5）系统性原则。在设计指标体系过程中应遵循系统结构合理性原则，使所设计的指标可以较为全面地反映生产性服务业国际竞争力的基本状态。

（6）可操作性原则。指标体系设计中所采用的指标应尽量做到独立性、可量化和通用性，尽量选取日常统计指标或容易获得的指标，以便直观、简便地说明生产性服务业国际竞争力水平和基本情况，分析所构建的用于评价生产性服务业国际竞争力指标体系的可行性。

5.1.2 指标体系设计

在进行生产性服务业国际竞争力评价的指标体系设计时，应遵循指标体系的设计原则，在充分总结和梳理现有资料的基础上，选择及构建能够实现对生产性服务业国际竞争力进行全面评价的指标体系。

在分析产业国际竞争力的过程中，所选定的指标一般分为显示性指标和分析性指标，用以分别充分说明产业国际竞争力的结果和所需要的产业国际竞争力的界定。根据第4章生产性服务业国际竞争力形成机理分析，可以将生产性服务业国际竞争力能力测度的指标作为反映生产性服务业国际竞争力结果的指标，把生产性服务业国际竞争力反映竞争实力、竞争潜力和竞争环境的指标作为解释为什么具有生产性服务业国际竞争力的分析性指标。

从现有研究成果看，学者们从不同角度出发，采用不同指标对生产性服务业国际竞争力进行评价，得出了相应的结论，笔者将主要研究内容和评价指标进行了汇总整理（见表5-1）。在分析、比较、筛选及综合评定的基础上，选取了30个指标，建立评价体系对生产性服务业国际竞争力进行评价。指标体系的层次结构如表5-2所示。

表 5-1　生产性服务业国际竞争力相关指标汇总

作者	期刊名称（时间）	文章或报告名称	选用指标情况	
			考察因子	评价指标或数据计算方法
胡国平、徐显峰、刘军、刘晓博	宏观经济研究（2012年3月）	都市生产性服务业外向发展机制及影响因素	生产性服务业外向发展规模	生产性服务业的进出口总额
			市场需求	第二产业产值规模
			投资强度	生产性服务业的基本建设额度
			专业化程度	服务业人口区位商
			城市化水平	非农业人口占户籍人口的比例
			经济发展水平	人均GDP
			城市对外开放度	进出口总量占GDP比重
余道先、刘海云	国际贸易（2010年2月）	中国生产性服务贸易结构与贸易竞争力分析	出口竞争力	贸易竞争力指数和显示性比较优势指数
陈艳莹、王丽	经济问题探索（2011年9月）	生产性服务业国际竞争力的影响因素——多国面板数据的实证研究	生产性服务业国际竞争力	生产性服务业净出口额占本国生产性服务业进出口总额的比重
			成本因素	金融及商务服务产业单位劳动力成本
			科技创新能力	研究与开发经费支出占总产出的比例
			服务业市场开放度	服务业进出口总额占总产出的比例
			服务业的互补性需求	服务业对生产性服务业的中间使用占服务业增加值的比重与服务业总产出占国家总产出比重的乘积
郑吉昌、周蕾	经济问题（2005年11月）	中国服务业国际竞争力的指标评价	市场占有率	出口市场占有率
			贸易盈余	贸易竞争优势指数、产业内贸易指数
			出口所占比例	显示性比较优势指数、显示性竞争优势指数
			劳动生产率	就业出口效应指数

续表

作者	期刊名称（时间）	文章或报告名称	选用指标情况	
			考察因子	评价指标或数据计算方法
矫萍、姜明辉	预测（2015年2月）	生产性服务业FDI空间集聚的影响因素研究——基于空间计量的分析	生产性服务业FDI	生产性服务业实际利用外资金额
			生产性服务业集聚程度	第三产业就业人数占总就业人数的比重
			制度和政策限制	政府干预度
			制造业发展水平	第二产业人均产值
			人力资本状况	普通高等学校在校生人数
			对外开放程度	外贸依存度
肖德、叶茂升	国际商务——对外经济贸易大学学报（2010年6月）	我国服务贸易竞争力评价及影响因素的实证研究	生产要素条件	每万人大学生人数年增长率、R&D占GDP比重、铁路营运里程年增长率、全社会固定资产投资总额年增长率、服务业就业人数年增长率
			需求条件	城镇人口占总人口比重、人均GDP
			相关支持产业	货物贸易差额占货物贸易总额的比重、第一产业劳动生产率增长率、第二产业劳动生产率增长率、第三产业劳动生产率增长率
			服务产业市场开放程度	实际利用外资金额占GDP比重、服务贸易依存度
			机会	人民币对美元汇率
孙青芬	博士学位论文（2010年）	中国生产性服务业的发展及影响因素研究	生产性服务业发展水平	生产性服务业人均增加值
			生产性服务业投资水平	生产性服务业人均全社会固定资产投资
			生产性服务业就业水平	生产性服务业年底从业人员数
			制造业水平	制造业人均增加值
			经济水平	人均国内生产总值
			城市化水平	非农业人口占总人口的比重

续表

作者	期刊名称（时间）	文章或报告名称	选用指标情况	
			考察因子	评价指标或数据计算方法
杨玉英	博士学位论文（2010年）	我国生产性服务业影响因素与效用研究：理论分析与经验证据	经济发展水平	人均GDP
			经济发展模式	第二产业生产总值占国内生产总值比重、第三产业生产总值占国内生产总值比重
			经济开放度	贸易依存度、外资依存度
			市场机制	政府财政支出占GDP比重
			政策因素	第三产业就业人员比重、城镇人口/全国总人口（城市化率）
			创新因素	研究与发展经费支出、科技成果登记数

资料来源：笔者根据相关文献整理而得。

表5-2 生产性服务业国际竞争力评价指标体系层次结构

目标层	准则层	方案层
生产性服务业国际竞争力	生产性服务业市场拓展能力	生产性服务业增加值
		生产性服务业产值占GDP的比重
		贸易竞争优势指数
		显示性比较优势指数
		国际市场占有率
生产性服务业国际竞争力	生产性服务业产业竞争实力	研发人员强度
		研发经费强度
		自主创新能力
		生产性服务业劳动生产率
		生产性服务业资本生产率
		产业集聚程度
		生产性服务业贸易依存度
		生产性服务业外资依存度

续表

目标层	准则层	方案层
生产性服务业国际竞争力	生产性服务业产业竞争潜力	就业情况
		人口结构素质
		固定资产投资总额
		外商直接投资
		城市化水平
		制造业的中间需求
		人均可支配收入
		工业化程度
	生产性服务业环境支撑能力	第一产业劳动生产率
		第二产业劳动生产率
		第三产业劳动生产率
		政府的公共服务水平
		市场化指数
		企业诚信程度评价
		公民的文化素质与文明程度评价
		服务贸易壁垒
		贸易自由度

5.1.2.1 生产性服务业产业市场开拓能力的评价指标

市场开拓能力主要衡量的是产业竞争结果，即产业绩效的评价。包括产业规模、出口竞争力、市场竞争力三个方面内容。

（1）产业规模评价指标。

生产性服务业增加值：指一定时期内生产性服务业产值的增加值，是反映生产性服务业发展的核心指标。

生产性服务业产值占GDP的比重：指生产性服务业产值占国家GDP总量的百分比。

（2）出口竞争力评价指标。

贸易竞争优势指数（TC指数）：表示一国进出口贸易的差额占进出口总额的比重。公式如下：

$$TC_{ij} = \frac{X_{ij} - M_{ij}}{X_{ij} + M_{ij}}$$

式中，TC_{ij} 为 i 国 j 产业贸易竞争优势指数；X_{ij} 为 i 国 j 产业出口总额；M_{ij} 为 i 国 j 产业出口总额。TC 指数将进口因素和出口因素充分考虑在内，能够有效评价一个国家的某一产业部门在国际市场中所具有的竞争优势。若 $TC>0$，表明一个国家的某一产业在贸易竞争中具有竞争优势，其生产效率高于国际一般水平，且数值越大，优势越明显。若 $TC<0$，则表明该产业的生产效率低于国际水平，处于竞争劣势。

显示性比较优势指数（RCA 指数）：显示性比较优势指数是以比较利益的观点考察一国生产性服务业的出口比重与全世界生产性服务业总出口比重的比值。两者比值越高，表示该国在生产性服务业的出口方面，相对于世界的平均值而言，具有较大的出口比较利益。公式如下：

$$RCA_{ij} = \frac{X_{ij}/X_i}{X_{Wj}/X_W}$$

式中，RCA_{ij} 为 i 国 j 产业出口显示性比较优势指数；X_i 为 i 国出口总额；X_{ij} 为 i 国 j 产业出口总额；X_{Wj} 为 j 产业世界出口总额；X_W 为世界出口总额。

（3）市场竞争力评价指标。

国际市场占有率：指一国生产性服务业出口总值占世界各国生产性服务业出口总值的百分比，是衡量一国某产业国际竞争力最直观的指标，当其值越接近 1，表示其国际竞争力越强。

5.1.2.2 生产性服务业产业竞争实力相关评价指标

生产性服务业产业竞争实力主要考察生产性服务业知识吸收与创新能力、产业运行效率及产业开放度，具体指标包括：

（1）知识吸收与创新能力评价指标。

研发人员强度：指产业研发人员占产业全体从业人员的比重。研发人员的比重越高，表明该产业科技创新能力越强。

研发经费强度：指研发经费占产业销售收入的比重。研发投入是一国科技发展水平的重要标志，研发经费的比重越高，则该产业具有越强的科技创新实力。

自主创新能力：自主创新包括原始创新、集成创新和二次创新。为量化指标并考虑到数据的可获得性，本书选择专利申请量来衡量自主创新能力。

（2）产业运行效率评价指标。

产业运行效率评价指标主要包括劳动生产率、资本生产率和产业集聚程度。生产性服务业劳动生产率就是劳动者的生产效果或能力，指生产性服务业产值与该产业从业人员总数的比值。生产性服务业资本生产率指一定时期内单位资本存量创造出的生产性服务业产值，产值越高，投资效率越高。

产业集聚是生产性服务业产业特征之一。在这里我们选择的区位熵作为生产性服务业集聚的度量指标。区位熵，又称专门化率，常用来衡量某产业在某个特定区域的相对集中度，反映某一产业部门的专业化程度。区位熵的计算公式为：

$$LQ_{ij} = \frac{q_{ij}/q_i}{q_j/q}$$

式中，LQ_{ij}表示j地区的i产业在全国的区位熵，q_{ij}表示j地区的i产业的相关指标（在这里我们选择生产性服务业产值计算）；q_i为j地区所有产业的相关指标；q_i指在全国范围内i产业的相关指标；q为全国所有产业的相关指标。LQ_{ij}的值越高，地区产业集聚水平越高。

（3）产业开放度评价指标。

产业开放度评价指标主要考察生产性服务业贸易依存度和外资依存度。生产性服务业贸易依存度指一国生产性服务业贸易进出口总额占该国国内生产总值的百分比，能够有效地反映一个国家参与国际分工的水平和程度。生产性服务业外资依存度是指生产性服务业实际利用外资金额占GDP的比率，用于衡量并界定一个国家生产性服务业对国外投资的依赖程度。

5.1.2.3 生产性服务业产业竞争潜力的评价指标

生产性服务业产业竞争潜力主要取决于产业要素供给能力和需求拉

动能力。

生产性服务业产业要素供给能力主要考察人力资本投入和资本投入情况。其中，人力资本投入评价指标主要通过就业情况和从业人员结构素质来衡量。就业情况指生产性服务业就业人数年增长率。因为生产性服务业的人力资本主要指具备大学以上学历的劳动力，所以从业人员结构素质主要考察的指标是每万人大学生人数年增长率。

资本投入评价指标包括固定资产投资和外商直接投资。固定资产投资额又称固定资产投资完成额，是以货币形式表现的在一定时期内生产性服务业建造和购置固定资产的工作量以及与此有关的费用的总称。它是反映产业固定资产投资规模、结构和发展速度的综合性指标。对于外商直接投资，从数据的可得性角度出发，可以用我国实际利用外商直接投资总量作为FDI的替代量，是初级生产要素的一部分。

生产性服务业市场拉动能力评价指标主要包括：①城市化水平。城市化水平指城镇人口占总人口的比重。②制造业的中间需求。通常将制造业产值作为制造业中间需求的衡量指标。③人均可支配收入。人均可支配收入是决定消费开支的最重要因素，是指个人在向国家缴纳各种费税后的余额，与GDP或人均GDP相比，更能准确地反映出居民的实际消费能力。④工业化程度。将第二产业增加值占GDP的份额，作为反映工业化进程情况的指标。

5.1.2.4　生产性服务业环境支撑能力的评价指标

良好的经济发展水平、良好的社会文化信用环境、积极有效的产业政策有助于生产性服务业产业国际竞争力的形成与提升，共同构成了生产性服务业产业环境支撑能力。生产性服务业环境支撑能力评价具体指标包括：

（1）相关产业发展程度评价指标。主要包括第一产业劳动生产率、第二产业劳动生产率和第三产业劳动生产率。分别指各产业总产值与各产业就业人数之比值。

（2）产业经济与政策环境评价指标。主要包括政府的公共服务水平和市场化水平评价。由于政府的公共服务水平包含内容和方面较多，无法用单一的内容进行界定，因此，将教育事业支出、卫生经费支出、社会保障支出三个指标进行几何平均值求解，用所得结果全面衡量政府公共服务水平的高低。对于市场化指数，本书主要采用樊纲等（2001）在对我国各地区市场化进程研究中从5个方面共15项指标构筑的指标体系进行量化评价。

（3）社会信用文化环境评价指标。衡量社会信用文化环境的指标通常包括对企业诚信程度的评价、人与人交往中诚信程度的评价、人的文化素质评价、文明程度评价、对社会治安环境评价等，这一类指标通常只能用定性指标衡量。这里我们主要考察对生产性服务业国际竞争力有重要影响的企业诚信程度评价和公民的文化素质与文明程度评价两个指标。

（4）国际产业发展环境评价指标。国际产业发展环境评价指标主要考察对生产性服务业进出口产生影响的主要因素，包括服务贸易壁垒和贸易自由度。服务贸易壁垒指一国在法律上对外国服务业进入本国所设置的障碍。本书采用引力模型对服务贸易壁垒进行量化。贸易自由度反映的是两国或地区之间进行国际贸易的难易程度，通常用来衡量国家或地区对外贸易的强度，这里我们用平均关税税率衡量。

5.2 生产性服务业国际竞争力评价指标体系评测

5.2.1 模糊层次分析法的基本原理及步骤

层次分析法是一种可以将定性分析和定量分析有效结合的多维度、多准则决策方法。在具体的操作过程中，可以将较为复杂的综合性问题根据相关因素不同的性质划分为不同的层次，实现对既包含定性问题又包含定量问题的复杂性问题进行分析。在分析问题时，通过引用1~9标度法按照因素间的相互作用和相互关联影响形成一个多层次的分析结构模型。

模糊综合评价法以模糊数学为基础，应用模糊关系合成的原理，将较难定量分析的因素及定性因素进行定量化分析和研究，从多个因素分析和评价出发，对事物的隶属等级状况进行全面且综合性评价的一种有效的方法。

5.2.1.1 建立层次分析结构

根据所要解决的经济问题的性质、特点将问题条理化、层次化，构造出一个能够实现解决问题的层次分析结构模型，层次分析结构模型构建的合理性决定着分析结果的有效程度。在实际构建过程中，可以根据所要评测的目标不同将系统划分为几个不同等级的层次，如目标层、准则层及方案层等，可以采用框图的形式进一步说明各层次之间的隶属关系和递阶结构，将所要评测的内容尽可能详细地反映在层次分析结构模型中。

5.2.1.2 两两比较，建立判断矩阵，求解权向量

基于所构建的层次分析模型，对各层次中所包含的元素进行两两比较，通过此方法达到不同层次中各元素间的相对重要性，并采用定量的方式将其进行全面的体现和表达，构建出比较判断矩阵，一般而言，所构造的判断矩阵形式如表 5-3 所示。

表 5-3 判断矩阵结构

A_k	B_1	B_2	…	B_n
B_1	B_{11}	B_{12}	…	B_{1n}
B_2	B_{21}	B_{22}	…	B_{2n}
…	…	…	…	…
B_n	B_{n1}	B_{n2}	…	B_{nn}

注：$B_{ij} > 0$，$B_{ij}=1/B_{ji}$ ($i \neq j$)，$B_{ii}=1$ ($i, j=1, 2, …, n$)。

同时，所构建的判断矩阵为正反矩阵，对于正反矩阵而言，若对于任意的 i，j，k 均有 $B_{ij} \cdot B_{ik}=B_{ik}$，此时该正反矩则被称为一致矩阵。

在所需的评价指标体系中的评价指标已经选择确定的基础上，采取合理的方法确定所选择指标的权重。在指标权重确定的过程中涉及专业

知识、行为科学、个人所从事的专业、所处的不同环境、所获得的知识积累等方面的内容。因此，在指标权重的确定过程中，以 20 位专家对所发放的征询意见表的打分评价结果、1~9 标度法及层次分析法基础理论为依据。在征询意见表中，仅需各位专家就不同指标之间的相对重要性进行比较，并借助自然数 1~9 及其倒数对两两指标相对重要程度进行标度（专家征询意见表见附录 B 附表 B-2）。平均随机一致性指标 RI 如表 5-4 所示，判断矩阵标度及其含义如表 5-5 所示。

表 5-4　平均随机一致性指标 RI

n	1	2	3	4	5	6	7	8	9
RI	0	0	0.58	0.90	1.12	1.24	1.32	1.41	1.45

表 5-5　判断矩阵标度及其含义

标度	含义
1	表示两个因素 C_i 和 C_j 相等，具有相同的重要性，即 $C_i=C_j$
3	表示两个因素 C_i 与 C_j 相比，C_i 比 C_j 的影响稍强
5	表示两个因素 C_i 与 C_j 相比，C_i 比 C_j 的影响强
7	表示两个因素 C_i 与 C_j 相比，C_i 比 C_j 的影响明显强
9	表示两个因素 C_i 与 C_j 相比，C_i 比 C_j 的影响绝对强
2，4，6，8	表示两个因素 C_i 与 C_j 相比，在上述两相邻等级之间
1，1/2，…，1/9	C_i 和 C_j 两因素的影响之比与上述结果相反

5.2.1.3　判断矩阵的一致性检验

通过判断矩阵的建立，完成了将复杂的社会、经济及管理问题向简单化、判断思维数学化的模式转变，使得复杂的问题有了能够进行定量分析的可能性。同时，在具体分析过程中需要采取积极的方法和措施保证判断思维基本一致，使各位专家在判断各指标重要性时保持协调一致，避免相互矛盾，因此，需要对判断矩阵进行一致性检验。

根据矩阵相关理论可以发现，如果 $\lambda_1, \lambda_2, \cdots, \lambda_n$ 是满足 $Ax=\lambda x$ 的数，也是判断矩阵 A 的特征根，并且对于所有的 $a_{ii}=1$ 有 $\sum_{i=1}^{n} \lambda_i = n$。

显然，当矩阵具有完全一致性时，有 $\lambda_1=\lambda_{max}=n$，其余特征根均为零。当矩阵不具有一致性时，有 $\lambda_1=\lambda_{max}>n$，其余特征根为 λ_2，λ_3，…，λ_n，并存在如下关系：$\sum_{i=2}^{n}\lambda_i = n - \lambda_{max}$。

根据判断矩阵一致性检验的相关原理，本书引入判断矩阵最大特征根对判断矩阵的一致性进行检验。

最大特征根 λ_{max} 的计算：

$$\lambda_{max} = \frac{\sum_{i=1}^{n}(AW)_i}{nW_i} \tag{5-1}$$

判断矩阵一致性计算指标：

$$CI = (\lambda_{max} - n)/(n - 1) \tag{5-2}$$

随机一致性比率计算：

$$CR = \frac{CI}{RI} \tag{5-3}$$

当随机一致性比率 $CR<0.1$ 时，表明判断矩阵已经通过了一致性检验。否则为了满足一致性检验需要对判断矩阵进行全面调整，使调整后的判断矩阵满足研究所需要的一致性检验。

5.2.1.4　层次单排序

层次单排序即为通过相应的计算，判断出各元素之间的相对重要性，并用权重的形式进行表示。层次单排序的具体计算方法如下：

判断矩阵各行元素的乘积 M_i：

$$M_i = \prod_{j=1}^{n} a_{ij} \ (i=1,2,\cdots,n) \tag{5-4}$$

判断矩阵 M_i 的 n 次方根：

$$\overline{W_i} = \sqrt[n]{M_i} \tag{5-5}$$

对向量 $\overline{W_i}$ 正规化：

$$W_i = \overline{W_i} / \sum_{i=1}^{n} \overline{W_i} \tag{5-6}$$

5.2.1.5　层次总排序

最高层次的总排序即为判断矩阵的层次总排序，即为最底层因素对于最高层（总目标）的相对重要性或相对优劣的排序值。

5.2.1.6 各单因素隶属度的确定

本书采用模糊统计法确定各项指标的隶属度。确定评语集 V 及标准隶属度集 U

$$V = \{V_1, V_2, \cdots, V_n\} \qquad U = \{U_1, U_2, \cdots, U_n\}$$

在本生产性服务业国际竞争力指标体系有效性评价中，V 与 U 分别如下：
V=（V_1（很好），V_2（较好），V_3（一般），V_4（较差），V_5（很差））
U=（1.0（很好），0.8（较好），0.5（一般），0.2（较差），0.0（很差））
综合分析 20 位专家所提供的分数，进行平均值化处理，确定各指标的隶属度。

5.2.1.7 利用模糊评价矩阵 R 对模糊关系进行描述

$$R^k = \begin{bmatrix} R_{11}^k & R_{12}^k & \cdots & R_{1n}^k \\ R_{21}^k & R_{22}^k & \cdots & R_{2n}^k \\ \cdots & \cdots & \ddots & \cdots \\ R_{m1}^k & R_{m2}^k & \cdots & R_{mn}^k \end{bmatrix}$$

矩阵中 R_{ij}^k（$i=1,2,\cdots,m$；$j=1,2,\cdots,n$）表示对第 k 个单位、第 i 个评价指标做出的第 j 级评语的隶属度。

5.2.1.8 利用模糊矩阵的合成运算，得到综合评价模型为 B

$$B = A \cdot R = (B_1, B_2, \cdots, B_n)$$

5.2.1.9 结论

根据计算结果，得出相应的结论、对策及评价。

5.2.2 实证分析

根据上文中所提及的模糊层次分析模型的基本原理和步骤，确定生产性服务业国际竞争力评价体系中各影响因素所占权重，并分析探讨所构建的用于生产性服务业国际竞争力评价的指标体系的合理性和有效性。

5.2.2.1 建立生产性服务业国际竞争力层次结构分析

如图 5-1 所示。

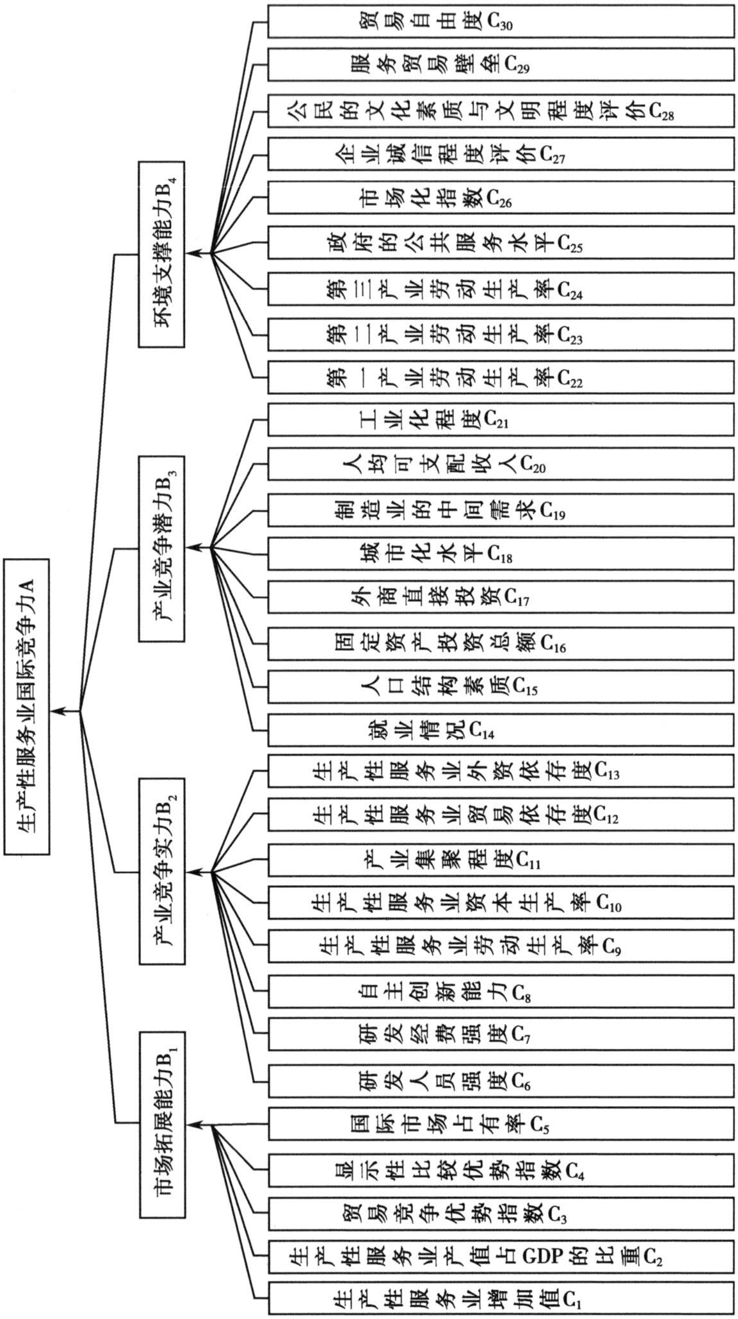

图 5-1 生产性服务业国际竞争力层次结构分析图

5.2.2.2 确定生产性服务业国际竞争力评价体系中各影响因素总排序权重

以 20 位专家中的任意一位为例,构造判断矩阵如表 5-6~ 表 5-10 所示。

表 5-6 A—B 判断矩阵

A	B_1	B_2	B_3	B_4
B_1	1	1	2	2
B_2	1	1	2	1
B_3	1/2	1/2	1	2
B_4	1/2	1	1/2	1

表 5-7 B_1—C 判断矩阵

B_1	C_1	C_2	C_3	C_4	C_5
C_1	1	2	1/4	1/2	1/3
C_2	1/2	1	1/4	1/3	1/4
C_3	4	4	1	3	3
C_4	2	3	1/3	1	1/3
C_5	3	4	1/3	3	1

表 5-8 B_2—C 判断矩阵

B_2	C_6	C_7	C_8	C_9	C_{10}	C_{11}	C_{12}	C_{13}
C_6	1	1/4	1/6	1/3	1/2	3	3	4
C_7	4	1	1/3	2	3	4	4	5
C_8	6	3	1	3	4	6	7	8
C_9	3	1/2	1/3	1	2	4	5	6
C_{10}	2	1/3	1/4	1/2	1	2	3	4
C_{11}	1/3	1/4	1/6	1/4	1/2	1	2	3
C_{12}	1/3	1/4	1/7	1/5	1/3	1/2	1	2
C_{13}	1/4	1/5	1/8	1/6	1/4	1/3	1/2	1

表 5-9　B_3—C 判断矩阵

B_3	C_{14}	C_{15}	C_{16}	C_{17}	C_{18}	C_{19}	C_{20}	C_{21}
C_{14}	1	1/3	2	1/2	5	1/6	3	4
C_{15}	3	1	4	2	7	1/4	5	6
C_{16}	1/2	1/4	1	1/3	4	1/7	2	3
C_{17}	2	1/2	3	1	6	1/5	4	5
C_{18}	1/5	1/7	1/4	1/6	1	1/9	1/3	1/2
C_{19}	6	4	7	5	9	1	6	7
C_{20}	1/3	1/5	1/2	1/4	3	1/6	1	2
C_{21}	1/4	1/6	1/3	1/5	2	1/7	1/2	1

表 5-10　B_4—C 判断矩阵

B_4	C_{22}	C_{23}	C_{24}	C_{25}	C_{26}	C_{27}	C_{28}	C_{29}	C_{30}
C_{22}	1	1/3	1/2	4	4	2	6	3	1/5
C_{23}	3	1	2	6	6	4	8	4	1/3
C_{24}	2	1/2	1	5	5	3	7	5	1/4
C_{25}	1/4	1/6	1/5	1	1/2	1/4	2	1/3	1/9
C_{26}	1/4	1/6	1/5	2	1	1/3	3	1/2	1/5
C_{27}	1/2	1/4	1/3	4	3	1	5	2	1/6
C_{28}	1/6	1/8	1/7	1/2	1/3	1/5	1	1/4	1/9
C_{29}	1/3	1/5	1/4	3	2	1/2	4	1	1/7
C_{30}	5	3	4	9	8	6	9	7	1

（1）向量 W 的计算。以 A—B 判断矩阵为例，权向量 W 的计算方法如表 5-11 所示。

表 5-11　权向量 W 的计算方法

A—B 判断矩阵					各行元素乘积 M_i	M_i 的 n 次方根	$\overline{W_i}$ 的正规化
A	B_1	B_2	B_3	B_4	$M_i = \prod\limits_{j=1}^{n} a_{ij}$	$\overline{W_i} = \sqrt[n]{M_i}$	$W_i = \overline{W_i} / \sum\limits_{i=1}^{n} \overline{W_i}$
B_1	1	1	2	2	4	0.7071	0.3407
B_2	1	1	2	1	2	1.3161	0.2865
B_3	1/2	1/2	1	2	1/2	2.3786	0.2026
B_4	1/2	1	1/2	1	1/4	0.4518	0.1703

注：n 为 A—B 判断矩阵的阶数（$n=4$），a_{ij} 为判断矩阵的元素，W_i 为权向量的第 i 个元素。

5 生产性服务业国际竞争力评价指标体系构建与评测

从权向量 W 的计算表中得权向量 W=（0.3407，0.2865，0.2026，0.1703）。

（2）一致性检验。

$$CR=0.0688<0.1 \quad (5-7)$$

可以看出：随机一致性比率 $CR<0.1$，符合一致性要求，且权重评价合理。同理，可计算出 B_1、B_2、B_3、B_4 判断矩阵的权向量 W，计算结果如下：

B_1—C 判断矩阵：

$$W = \begin{pmatrix} 0.0969 \\ 0.0639 \\ 0.4304 \\ 0.1469 \\ 0.2618 \end{pmatrix} \quad CR = 0.0525$$

B_2—C 判断矩阵：

$$W = \begin{pmatrix} 0.0744 \\ 0.1984 \\ 0.3584 \\ 0.1609 \\ 0.0965 \\ 0.0500 \\ 0.0362 \\ 0.0252 \end{pmatrix} \quad CR = 0.0424$$

B_3—C 判断矩阵：

$$W = \begin{pmatrix} 0.0956 \\ 0.2008 \\ 0.0645 \\ 0.1404 \\ 0.0215 \\ 0.4009 \\ 0.0452 \\ 0.0309 \end{pmatrix} \quad CR = 0.0471$$

B_4—C 判断矩阵：

$$W = \begin{pmatrix} 0.1004 \\ 0.2043 \\ 0.1450 \\ 0.0252 \\ 0.0337 \\ 0.0708 \\ 0.0174 \\ 0.0487 \\ 0.3543 \end{pmatrix} \quad CR = 0.042$$

(3) 确定评价指标总排序权重。C层指标总排序权重值如表5-12所示。

表5-12 C层30个指标总排序权重值计算

项目 B	0.3407	0.2865	0.2026	0.1703	总排序权重值
生产性服务业增加值 C_1	0.0969				0.0330
生产性服务业产值占GDP的比重 C_2	0.0639				0.0218
贸易竞争优势指数 C_3	0.4304				0.1466
显示性比较优势指数 C_4	0.1469				0.0500
国际市场占有率 C_5	0.2618				0.0892
研发人员强度 C_6		0.0744			0.0213
研发经费强度 C_7		0.1984			0.0568
自主创新能力 C_8		0.3584			0.1027
生产性服务业劳动生产率 C_9		0.1609			0.0461
生产性服务业资本生产率 C_{10}		0.0965			0.0276
产业集聚程度 C_{11}		0.0500			0.0143
生产性服务业贸易依存度 C_{12}		0.0362			0.0104
生产性服务业外资依存度 C_{13}		0.0252			0.0027
就业情况 C_{14}			0.0956		0.0194
人口结构素质 C_{15}			0.2008		0.0407

续表

项目 B	0.3407	0.2865	0.2026	0.1703	总排序权重值
固定资产投资总额 C_{16}			0.0645		0.0131
外商直接投资 C_{17}			0.1404		0.0284
城市化水平 C_{18}			0.0215		0.0044
制造业的中间需求 C_{19}			0.4009		0.0812
人均可支配收入 C_{20}			0.0452		0.0092
工业化程度 C_{21}			0.0309		0.0063
第一产业劳动生产率 C_{22}				0.1004	0.0171
第二产业劳动生产率 C_{23}				0.2043	0.0348
第三产业劳动生产率 C_{24}				0.1450	0.0247
政府的公共服务水平 C_{25}				0.0252	0.0604
市场化指数 C_{26}				0.0337	0.0083
企业诚信程度评价 C_{27}				0.0708	0.0030
公民的文化素质与文明程度评价 C_{28}				0.0174	0.0121
服务贸易壁垒 C_{29}				0.0487	0.0057
贸易自由度 C_{30}				0.3543	0.0043

总排序权重值 A：

$A=$（0.0330，0.0218，0.1466，0.0500，0.0892，0.0213，0.0568，0.1027，0.0461，0.0276，0.0143，0.0104，0.0072，0.0194，0.0407，0.0131，0.0284，0.0044，0.0812，0.0092，0.0063，0.0171，0.00348，0.0247，0.0604，0.0083，0.0030，0.0121，0.0057，0.0043）

5.2.2.3 生产性服务业国际竞争力评价体系合理性评价

采用模糊统计法确定各项指标的隶属度。

（1）确定评语集 V 及标准隶属度集 U。

$$V=\{V_1,V_2,\cdots,V_n\} \qquad U=\{U_1,U_2,\cdots,U_n\} \qquad (5-8)$$

在本生产性服务业国际竞争力评价中，$n=5$，V 与 U 分别如下：

$V=(V_1（很好），V_2（较好），V_3（一般），V_4（较差），V_5（很差））$

$U=(1.0（很好），0.8（较好），0.5（一般），0.2（较差），0.0（很差））$

（2）专家评语。为了确定各指标的隶属度，需要上述 20 位专家进行打分，并统计专家的分数，求其平均值作为各指标的最终隶属度。（专家打分表见附录 B 附表 B-3）

各指标隶属度矩阵如表 5-13 所示。

表 5-13　各指标隶属度矩阵

指标	隶属度值	
	指标合理	指标不合理
生产性服务业增加值 C_1	0.7	0.21
生产性服务业产值占 GDP 的比重 C_2	0.65	0.18
贸易竞争优势指数 C_3	0.74	0.35
显示性比较优势指数 C_4	0.79	0.32
国际市场占有率 C_5	0.9	0.14
研发人员强度 C_6	0.68	0.1
研发经费强度 C_7	0.47	0.44
自主创新能力 C_8	0.73	0.47
生产性服务业劳动生产率 C_9	0.5	0.44
生产性服务业资本生产率 C_{10}	0.86	0.23
产业集聚程度 C_{11}	0.79	0.29
生产性服务业贸易依存度 C_{12}	0.81	0.47
生产性服务业外资依存度 C_{13}	0.75	0.21
就业情况 C_{14}	0.65	0.35
人口结构素质 C_{15}	0.86	0.26
固定资产投资总额 C_{16}	0.72	0.37

续表

指标	隶属度值	
	指标合理	指标不合理
外商直接投资 C_{17}	0.71	0.36
城市化水平 C_{18}	0.66	0.46
制造业的中间需求 C_{19}	0.82	0.44
人均可支配收入 C_{20}	0.78	0.26
工业化程度 C_{21}	0.83	0.46
第一产业劳动生产率 C_{22}	0.81	0.36
第二产业劳动生产率 C_{23}	0.67	0.24
第三产业劳动生产率 C_{24}	0.86	0.44
政府的公共服务水平 C_{25}	0.88	0.35
市场化指数 C_{26}	0.68	0.39
企业诚信程度评价 C_{27}	0.69	0.28
公民的文化素质与文明程度评价 C_{28}	0.73	0.47
服务贸易壁垒 C_{29}	0.84	0.38
贸易自由度 C_{30}	0.82	0.21

将最终评价指标总排序权重值 A 及各指标隶属度汇总矩阵 R（见表5-13）代入模糊层次综合评价数学模型中，可得如下结果：

$$B = A \cdot R = (0.8423, 0.2385) \quad (5-9)$$

5.2.3 结果分析

通过计算分析可以看出，在对生产性服务业国际竞争力评价体系所设计的30个指标中，所占权重比例在前五位的指标依次为贸易竞争优势指数、自主创新能力、国际市场占有率、制造业的中间需求、贸易自由度。因此，这五个方面将对生产性服务业的国际竞争力产生重要影响。

模糊综合评价结果为：生产性服务业国际竞争力评价指标体系合理性综合评价向量 $B = A \cdot R = (0.8423, 0.2385)$，即生产性服务业国际竞争力评价指标体系合理性评价结果为 0.8423（大于 0.6），说明所设计的用于生产性服务业国际竞争力评价的评价体系是合理的。

5.3 本章小结

本章依据科学性原则、全面性原则、主成分性原则、定量和定性相结合原则、系统性原则及可操作性原则，从市场开拓能力、知识吸收与创新能力、产业运行效率及外向度、要素供给能力、需求拉动能力、环境支撑能力六个方面出发构建了生产性服务业国际竞争力评价体系，并从实际出发选取了 30 个指标作为具体的评价指标。利用模糊层次分析法确定了各指标所占的权重，所占权重比例在前五位的指标依次为贸易竞争优势指数、自主创新能力、国际市场占有率、制造业的中间需求、贸易自由度，这五个方面将对生产性服务业国际竞争力产生重要的影响。同时，对所构建的用于生产性服务业国际竞争力评价的指标体系的合理性进行了评测，结果显示，所设计的指标体系具有合理性。

6 中国生产性服务业国际竞争力评价及收敛性分析

6.1 中国生产性服务业国际竞争力的评价

本章拟采用数据包络分析（Data Envelopment Analysis，DEA）法，充分运用DEA方法"评价"的基本功能，对所选择的国家的生产性服务业国际竞争力的"相对优劣性"进行比较和评价。

6.1.1 数据包络分析方法概述

6.1.1.1 基本原理

数据包络分析（Data Envelopment Analysis，DEA），以相对效率概念为研究的理论基础，以凸分析和线性规划为研究工具的一种根据多指标投入和多指标产出对相同类型的单位进行相对有效性或效益评价的一种新的系统分析方法，能够实现对多目标决策问题的有效处理、能够评价决策单元的相对有效性，给研究多输入、多输出条件下的生产函数开辟了新的途径。

对于其他的可以用于有效性评价的方法而言，DEA评价方法在处理多输入—多输出的有效性评价方面具有绝对优势，评价的指标中可以包含按照标准给予量化赋值的经济、管理等不同领域的非结构化因素，由于DEA方法并不直接对指标数据进行综合，因而建立的模型在应用过程中不需要对数据进行无量纲化处理。

6.1.1.2 基本模型

（1）CCR 模型。CCR 模型是基于投入的 DEA 的第一个模型，在具体的分析过程中其假设规模报酬 CRS（Constant Returns to Scale）不变。

模型假设：

1）有 K 个决策单元 DMU，设某个 DMU 的输入向量 $x=(x_1, x_2, \cdots, x_m)^T$，输出向量 $y=(y_1, y_2, \cdots, y_s)$，用 (x, y) 表示这个 DMU 的整个生产活动的投入产出状态。

2）每个决策单元有 m 种投入要素，生产 n 种产品，那么第 j 个决策单元的投入和产出向量分别为：

投入向量：$x_j = (x_{1j}, x_{2j}, \cdots, x_{mj})^T > 0 \quad j = 1, 2, \cdots, k$

产出向量：$y_j = (y_{1j}, y_{2j}, \cdots, y_{sj})^T > 0 \quad j = 1, 2, \cdots, k$

式中，$x_{ij} > 0, y_{ij} > 0, i = 1, 2, \cdots, m; r = 1, 2, \cdots, s$。

即每个决策单元有 m 种类型的"输入"以及 s 种类型的"输出"。x_{ij} 为第 j 个决策单元对第 i 种类型输出的投入量；y_{rj} 为第 j 个决策单元对第 r 种类型输出的产出量。x_{ij} 和 y_{rj} 为已知的实际观测数据。那么，投入和产出的权重向量可以分别表示为：

投入权重向量：$W = (w_1, w_2, \cdots, w_m)^T$

产出权重向量：$Q = (q_1, q_2, \cdots, q_n)^T$

最佳的权重向量可以通过数学规划得到，即：

$$\max \frac{\sum_{m=1}^{N} q_m y_{mj}}{\sum_{i=1}^{M} w_i x_{ij}}$$

$$\text{s.t.} \begin{cases} \dfrac{\sum_{m=1}^{N} q_m y_{mj}}{\sum_{i=1}^{M} w_i x_{ij}} \leq 1 \\ q_i \geq 0 (j = 1, 2, \cdots, N) \\ w_i \geq 0 (i = 1, 2, \cdots, M) \end{cases}$$

这是一个分式规划问题，令：

$$\begin{cases} g = \dfrac{1}{W^T X} \\ \alpha = gW \\ \beta = gQ \end{cases}$$

则有：

$$\begin{cases} \beta^T Y_0 = \dfrac{Q^T Y_0}{W X_0^T} \\ \dfrac{\beta^T Y_j}{\alpha^T X} = \dfrac{q^T Y_j}{w^T X_j} \leq 1 \\ \alpha^T X_0 = 1 \\ \alpha \geq 0 \\ \beta \geq 0 \end{cases}$$

于是，可以转化为下面的线性规划模型：

$$\max \beta^T Y_0$$

$$\text{s. t.} \begin{cases} \alpha^T X_j - \beta^T Y_j \geq 0 \\ \alpha^T X_0 = 1 \end{cases}$$

上式的对偶规划为：

$$\min q_c$$

$$\text{s. t.} \begin{cases} \theta_C X_0 - \sum_{j=1}^{K} \lambda_j x_i \geq 0 \\ -Y_0 + \sum_{j=1}^{K} \lambda_j y_i \geq 0 \\ \lambda_i \geq 0 \, (i = 1, 2, \cdots, K) \end{cases}$$

式中，λ 为常数向量，θ_C 为一个标量，通过 K 次线性规划可以求解效率值的决策单元 θ_C，其取值范围为 0~1，取值为 1 则可以认为该决策单元处于前沿面上。若 $\theta^* = 1$，且 $s^{-*} = 0$，$s^{+*} = 0$。此时决策单元 j_0 的投入产出为 DEA 有效，同时为技术有效和规模有效。其中 s^+ 表示投入的剩余，s^- 表示产出的缺乏；若 $\theta^* = 1$，至少有某个输入或输出松弛变量大于零。此时决策单元 j_0 的投入产出为弱 DEA 有效，不是同时技术效率和规模效益最优。若 $\theta^* < 1$，此时决策单元 j_0 的投入产出不是 DEA 有效，既不是技术效率最优，也不是规模效益最优。

（2）BCC 模型。当所研究的对象处于规模报酬不变的情况下，可以采用规模报酬不变的 DEA 模型，但是由于所分析的经济现象大多处于不完全竞争市场中，受到资金等要素水平的限制，使得多个决策单元可能不能处于规模报酬不变的状态，需要在 CRS 度量的技术效率中引入规模效率。因此，在具体的计算过程中，引入可变规模报酬的 DEA 模型（VRS），以便排除规模效率对技术效率的影响，用下标 v 表示，使得能够有效地与 CRS 模型进行区别，VRS 的线性规划模型可以表示为：

$$\min \left[\theta_v - \varepsilon (\hat{e}_1^T IS + \hat{e}_2^T OS) \right]$$

$$\text{s. t.} \begin{cases} \sum_{j=1}^{K} \lambda_j x_j + IS = \theta_v X_0 \\ \sum_{j=1}^{K} \lambda_j y_j - OS = Y_0 \\ \sum_{j=1}^{K} \lambda_j = 1 \\ \lambda_j \geq 0 (j = 1, 2, \cdots, K) \\ IS \geq 0, OS \geq 0 \end{cases}$$

6.1.2　生产性服务业国际竞争力 DEA 评价实证

第 5 章利用模糊层次分析法确定了生产性服务业国际竞争力评价体系各指标所占的权重，并确定贸易竞争优势指数、自主创新能力、国际市场占有率、制造业的中间需求、贸易自由度五个方面将对生产性服务业国际竞争力产生重要的影响。根据 DEA 方法在运用过程中的具体要求，在建立生产性服务业国际竞争力评价指标体系过程中将指标体系分为输入和输出两部分，如表 6-1 所示。

根据国际货币基金组织（IMF）的对国家类别的划分，选取了先进经济体的代表西方七国以及新兴市场和发展中国家的代表金砖国家中的俄罗斯、印度、巴西[①]作为评价的决策单元，对包括中国在内的这

---

① 因数据的可得性问题，金砖国家的考察没有包含南非。

11个国家生产性服务业国际竞争力进行综合评价。这个国家决策单元分别是美国、日本、德国、法国、英国、意大利、加拿大、俄罗斯、印度、巴西和中国。

表6-1 基于DEA评价的生产性服务业国际竞争力评价指标体系

输入指标	输出指标
X_1 自主创新能力	Y_1 生产性服务业贸易竞争优势指数
X_2 制造业中间需求	Y_2 生产性服务业国际市场占有率
X_3 贸易自由度	

本章指标数据主要来源于OECD数据库、世界银行的《世界经济发展指标》、《全球竞争力报告》、《国际统计年鉴》、《中国统计年鉴》、《中国第三产业统计年鉴》、世界知识产权组织的在线数据库、WTO服务贸易统计数据、联合国贸发会服务业分类数据、美国商务部统计局出版的《美国统计概要》等。由于部分国家的少数数据缺失，本书采取根据标杆国家——美国的相关指标进行推算的方法对所缺失的数据进行补齐，涉及了英国、加拿大和巴西三个国家的生产性服务业贸易竞争优势指数测算等。

本书采用投入导向的CCR模型和BCC模型分别测度了2005~2014年11个样本国家生产性服务业的综合效率、纯技术效率，并通过计算两者的比值得到了规模效率。利用综合效率全面且综合衡量和评价决策单元在资源配置、资源使用效率等方面的能力，若综合效率等于1，那么该决策单元处于生产前沿面上，即企业是DEA有效的。综合效率由纯技术效率和规模效率两个部分构成，其中，纯技术效率值衡量了在不考虑规模因素影响下的技术效率状况，是制度、管理和技术等因素带来的效率。规模效率是由企业规模因素影响的生产效率，反映的是实际规模与最优生产规模的差距。以下将通过三个方面效率的分析，比较11个样本国家生产性服务业的国际竞争力。

6.1.2.1 综合效率分析

（1）总体分析。由图6-1可见，考察期间内，德国、俄罗斯、美国、意大利四国生产性服务业国际竞争力综合效率为1，处于 DEA 有效状态。其余七国都处于不同程度的技术无效状态，其中英国和法国综合效率超过 0.8，表现尚可。加拿大和巴西也超过了 0.6，表现中规中矩。排名后三位的分别是日本、印度和中国，后两者均低于 0.4，生产性服务业严重缺乏国际竞争力。

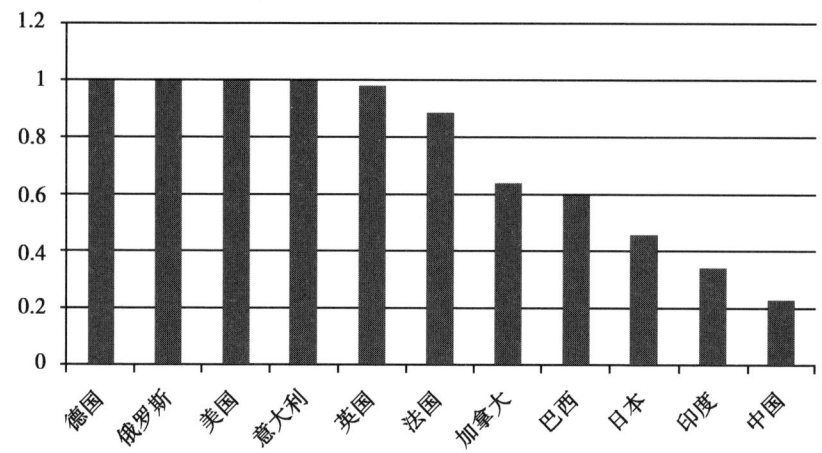

图 6-1　2005~2014 年样本国家生产性服务业国际竞争力综合效率平均值比较

（2）变化趋势分析。图 6-2 反映了所考察国家生产性服务业国际竞争力综合效率的年度变化趋势，可见，德国、俄罗斯、美国、意大利始终位于被其他七国追赶的地位。英国在经历了 2005 年和 2006 年两年的短暂无效率之后晋升到了 DEA 有效队列。法国生产性服务业综合效率先升后降，在 2009 年达到了 0.968 的高点，随后开始走下坡路，2014 年下滑到了 0.832。加拿大 2005~2009 年处于持续下跌状态，之后企稳回升，后续几年维持了平稳态势。巴西 2008 年经历了一次暴跌，2009 年略有回升，之后又出现了一路下跌的景象。日本大致表现出持续下降的状态，从 2005 年的 0.559 一直下滑到 2014 年的 0.376。印度和中国两者趋势相似，呈现出波动中上升走势。（综合效率具体分析数值可参见附录 A 附表 A-6）

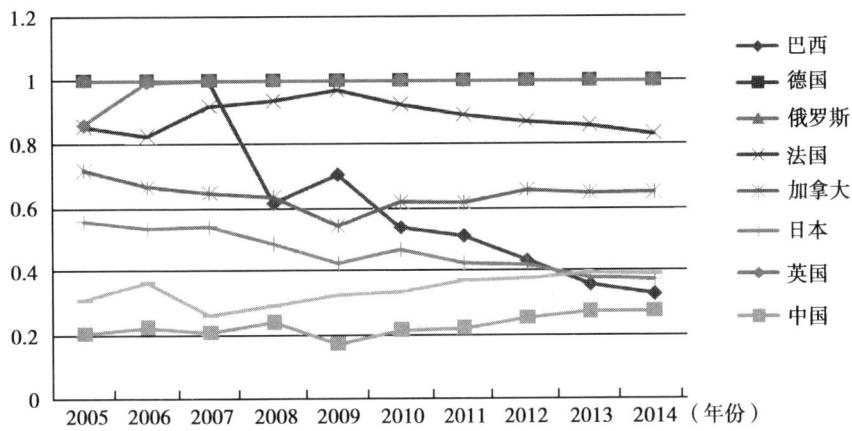

图 6-2　2005~2014 年样本国家生产性服务业国际竞争力综合效率变化趋势

6.1.2.2　纯技术效率分析

（1）总体分析。由图 6-3 可见，考察期间内，德国、俄罗斯、美国、意大利、巴西和印度六个单元的纯技术效率为 1，处于纯技术效率有效状态。其余五国都处于不同程度的技术无效状态，其中英国、法国、加拿大纯技术效率超过 0.9，接近纯技术有效。日本和中国也超过了 0.8。总体而言，样本国家纯技术效率差距不大。

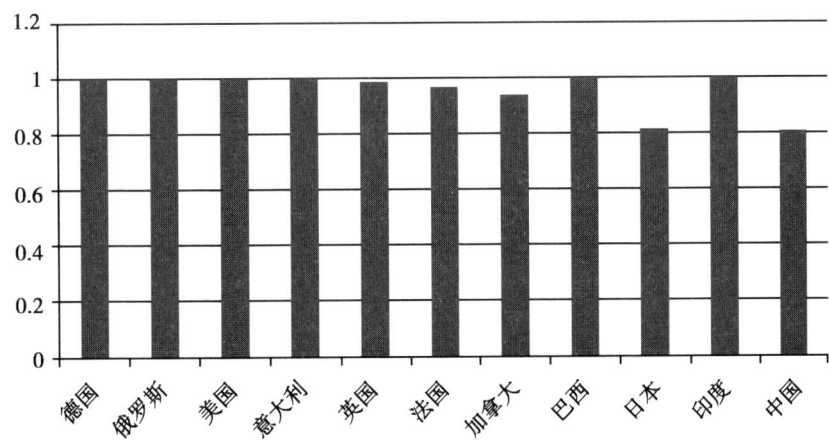

图 6-3　2005~2014 年样本国家生产性服务业国际竞争力纯技术效率平均值比较

（2）变化趋势分析。由图6-4可以看出，考察期间内，德国、俄罗斯、美国、意大利、巴西和印度纯技术效率始终有效。英国只有2005年纯技术无效，其余年份均有效。法国2006年略有下降，之后持续在高位震荡。加拿大先降后升，2011年之后保持了纯技术有效状态。日本和中国走势类似，2010年之前呈"W"形波动，2011~2014年走势平稳。（纯技术效率具体分析数值可参见附录A附表A-7）

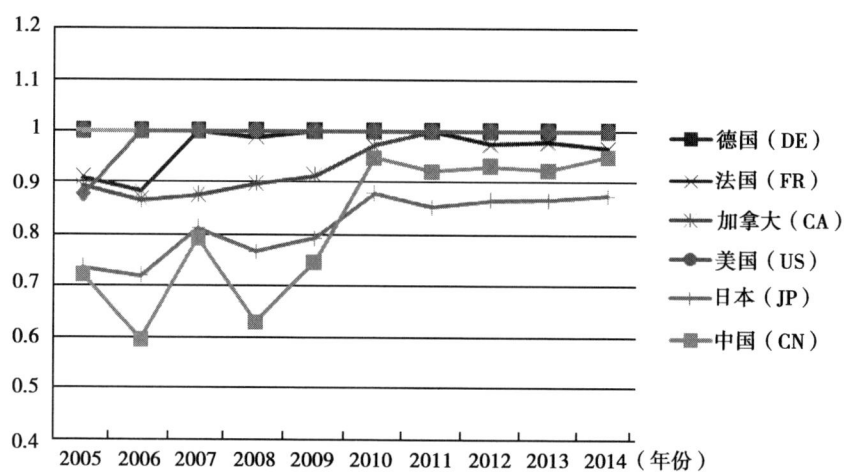

图6-4 2005~2014年样本国家生产性服务业纯技术效率变化趋势

6.1.2.3 规模效率分析

（1）总体分析。由图6-5可见，考察期间内，德国、俄罗斯、美国、意大利四国生产性服务业国际竞争力规模效率为1，处于规模有效状态。其余七国都处于不同程度的规模无效状态，其中英国和法国规模效率超过0.9，相对高效。加拿大和巴西也超过了0.6，表现中规中矩。排名后三位的分别是日本、印度和中国，后两者低于0.4，存在严重规模无效问题。

（2）变化趋势分析。由图6-6可以看出，考察期间内，德国、俄罗斯、美国、意大利四国生产性服务业国际竞争力规模效率始终有效。

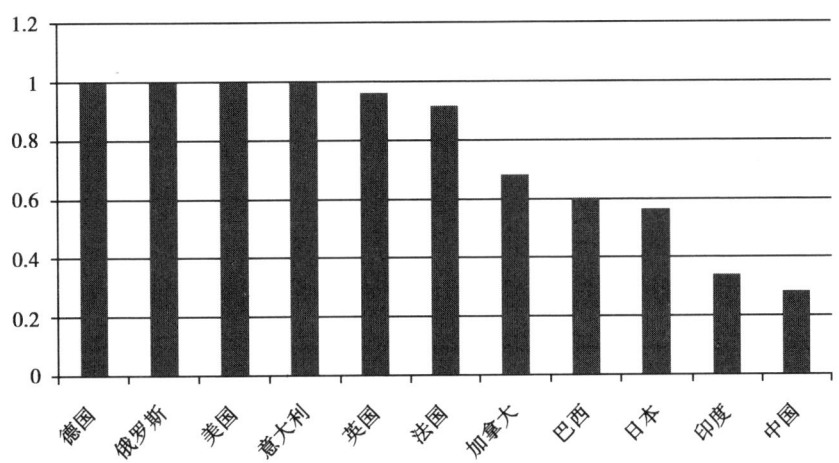

图 6-5　2005~2014 年样本国家生产性服务业规模效率平均值比较

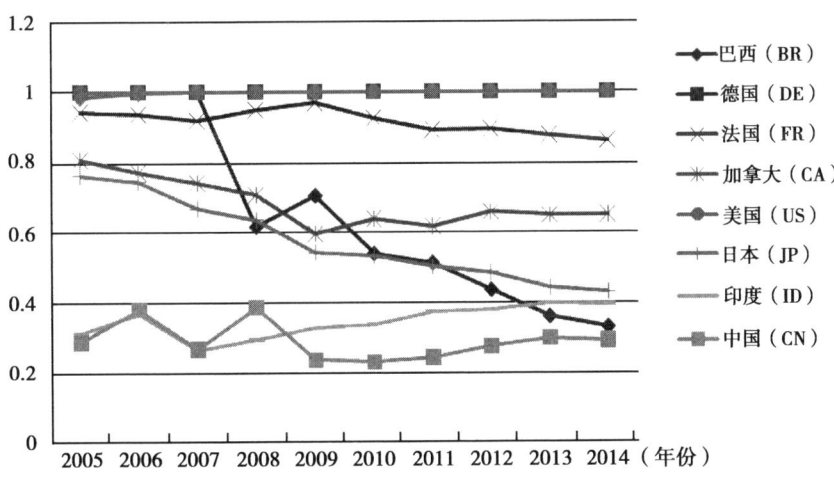

图 6-6　2005~2014 年样本国家生产性服务业国际竞争力规模效率变化趋势

英国只有 2005 年和 2006 年略微无效，其余年份均有效。法国表现出高位波动同时略有下浮的状态。加拿大 2005~2009 年持续下滑，之后止住颓势，开始平稳波动。巴西 2008 年经历了一次暴跌，2009 年略有回升，之后一路下跌。日本表现出持续下降的状态，从 2005 年的 0.761 一路下滑到 2014 年的 0.430。印度和中国两者趋势相似，有波动中企稳上升趋势。（规模效率具体分析数值可参见附录 A 附表 A-8）

本节通过运用CCR和BCC模型计算出了2005~2014年11个样本国家的综合效率、纯技术效率和规模效率，并从纵向和横向做了具体分析。分析结果显示，德国、俄罗斯、美国、意大利生产性服务业国际竞争力处于领先地位，实现了DEA有效。英国、法国、加拿大、巴西处于第二梯度，表现尚可。日本、印度、中国生产性服务业竞争力明显不足。国际竞争力偏弱的国家需要从技术和规模两个方面寻找应对之策，以改善自身的落后局面。

6.2 生产性服务业国际竞争力的收敛性分析

根据生产性服务业国际竞争力相关评价我们发现，所考察国家生产性服务业国际竞争力差距明显，中国的竞争地位尤其落后。那么，这种差距是否会随着时间的推移而逐渐减小呢？本节将通过计量经济方法分析生产性服务业国际竞争力的收敛性特征。

6.2.1 收敛理论概述

20世纪90年代以来，经济收敛问题逐步成为国际经济学和发展经济学的热门研究问题之一。按照新古典经济增长理论，资本的边际产出呈现递减趋势，由于资本边际产出较高使得落后经济的增长速度会超过发达经济的增长速度，使得落后经济与发达经济的差距不断缩小，这种落后经济与发达经济的差距不断缩小的过程被称为经济的收敛。

根据Barro R.J.和Sala-I-Martin X.（2000）的分类，σ收敛、绝对β收敛、条件β收敛共同形成了基本的收敛机制。

6.2.1.1 σ收敛

σ收敛在对收敛性进行判断时是通过分析经济体考察变量标准差的分布情况进行的，当存在σ收敛的情况时，意味着标准差随时间不断衰退，个体间变量值的差异不断减小。

6.2.1.2 绝对 β 收敛

如果绝对 β 收敛存在，那么落后经济体的增长速度会处于高于发达经济体的增长速度过程中，在未来的某一时间点落后经济体与发达经济体的差异消失，形成同速增长的态势，使得各不同经济体的增长速度和增长水平达到完全相同的稳定态势。

Martin（1996）利用横截面回归模型对绝对 β 收敛进行了全面的阐述，其模型表达式可以被描述为：

$$g = \alpha + \beta \text{Ln} y_0 + \mu_{i,t}$$

式中，g 为经济体的增长率，α 为常数项，y_0 是初始的人均收入水平，$\mu_{i,t}$ 为误差项。回归结果如果 β 显著地小于零，则表示存在绝对 β 收敛。若绝对 β 收敛存在，表示各不同经济主体均趋近于同一个稳态水平，相互之间的差距不断缩小。

6.2.1.3 条件 β 收敛

条件 β 收敛将不同经济体所具有的特征和条件进行充分的考虑，由于各个经济体的结构可能存在差异性，因此其形成的稳态也存在着差异性。但是条件 β 收敛和绝对 β 收敛均为区域稳态水平的收敛，条件 β 收敛中各经济体具有不同的稳态水平，绝对 β 收敛中各经济体具有相同的稳态水平。

利用固定效应模型对条件 β 收敛进行检验，通过对截面与时间固定效应的设定，并考虑不同地区的稳态水平及稳态水平随时间变化的情况，可将条件 β 收敛确定为：

$$\text{Ln} y_{i,t} - \text{Ln} y_{i,t-1} = \alpha + \beta \text{Ln} y_{i,t-1} + \mu_{i,t}$$

式中，各个经济体在 t 和 $t-1$ 时期的收入水平分别用 $\text{Ln} y_{i,t}$ 和 $\text{Ln} y_{i,t-1}$ 表示，若 β 显著小于零，则存在条件 β 收敛，各个经济体会向各自的稳态水平趋近，反之，不存在条件 β 收敛。

6.2.2 生产性服务业国际竞争力的收敛性检验分析

考虑到发达经济体与新兴市场国家经济发展阶段不同，在经济结构、产业发展阶段和人力资源素质等方面存在着巨大差距,所以本节在开展所有样本国家生产性服务业国际竞争力收敛性检验的基础上,进一步将 11 个国家分为发达国家组和金砖国家组进行分析,以期更准确地把握所考察国家的竞争力差距演变情况。

6.2.2.1 σ 收敛检验

针对考察期间,本章取所考察国家生产性服务业国际竞争力技术效率的样本标准差进行 σ 收敛检验,如果 σ 呈现下降趋势,则说明存在 σ 收敛,否则不存在。由图 6-7 可见,就所有国家整体而言,考察期间内,生产性服务业国际竞争力的标准差较为稳定,同时伴随着小幅上升趋势,可见总体不存在 σ 收敛。发达国家组,除了 2010 年的标准差有较为明显的下降之外,整体呈现出扩大的趋势,所以从 σ 收敛角度看,发达国家间的生产性服务业国际竞争力差距正在逐步拉大。金砖国家标准差在 2009 年之前波动较为剧烈,不过从整个研究期间来看,下降趋势明显,故认为存在 σ 收敛,4 个金砖国家的生产性服务业国际竞争力差距正在逐渐缩小。

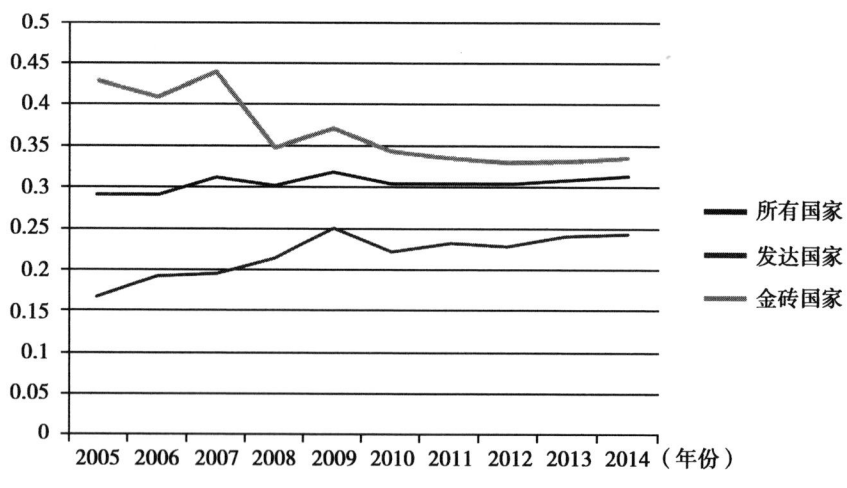

图 6-7 所有国家以及两个国家组技术效率的样本标准差走势图

6.2.2.2 绝对 β 收敛检验

根据相应的理论分析,绝对 β 收敛检验方程的形式可以表示为:

$$(\mathrm{Ln}E_{i,t+T} - \mathrm{Ln}E_{i,t})/T = \alpha + \beta \mathrm{Ln}E_{i,t} + \varepsilon_{i,t}$$

式中,$\mathrm{Ln}E_{i,t}$ 和 $\mathrm{Ln}E_{i,t+T}$ 分别为第 i 个国家生产性服务业在基期和报告期的技术效率值,T 表示基期和报告期的时间跨度,α 和 β 为待估参数,$\varepsilon_{i,t}$ 为误差项。若 $\mathrm{Ln}E_{i,t}$ 的系数显著为负,表明存在绝对 β 收敛。用普通最小二乘法(OLS)估计上述模型,结果如表 6-2 所示。

表 6-2 生产性服务业国际竞争力绝对 β 收敛检验结果

	所有国家	发达国家	金砖国家
β	−0.032	0.071	−0.064
T 值	−1.31	3.25	−1.44
P 值	0.223	0.023	0.288
调整的可决系数	0.066	0.615	0.261

由表 6-2 可以看出,所有国家和金砖国家组都没有通过显著性检验,因而不存在绝对 β 收敛,即随着时间推移没有呈现出向共同的稳定状态趋近的趋势,意味着竞争力差距没有明显的缩小。发达国家的生产性服务业国际竞争力通过了显著性检验,不过系数为正向,表现出了明显的发散特征,说明发达国家之间的竞争力差距在不断拉大,这与上文 σ 收敛检验的结果相同。

6.2.2.3 条件 β 收敛检验

根据相关的理论,条件 β 收敛的检验方程形式可以表示为:

$$\mathrm{Ln}E_{i,t} - \mathrm{Ln}E_{i,t-1} = \alpha + \beta \mathrm{Ln}E_{i,t-1} + \mu_{i,t}$$

式中,$\mathrm{Ln}E_{i,t}$ 和 $\mathrm{Ln}E_{i,t-1}$ 分别代表 t 期和上一期第 i 个国家生产性服务业的技术效率值。通过回归分析可以看出,当回归系数 β 显著为负时,存在条件 β 收敛。在具体计算过程中,混合效应模型、固定效应模型和随机效应模型可以用作条件 β 收敛的检验方法。利用 Hausman 检验、F 检验和 BP 检验来确定面板模型的类别,用 Hausman 检验判断是选择固定效应模型还是随机效应模型，用 F 检验进行混合模型和固定效应模型的选择，用 BP 检验来判断选择随机效应模型还是混合模型。

根据 F 检验和 Hausman 检验在 5% 的显著水平，所有国家和发达国家应选择固定效应模型，金砖国家的数据应选择混合效应模型，如表 6-3 所示。

表 6-3 条件 β 收敛检验模型的筛选

区域	检验	检验值	结果	模型确定
所有国家	F 检验	$F = 2.65 > F_{0.05}(10,87)$	拒绝原假设	固定效应模型
	Hausman 检验	$H = 5.88 > X^2_{0.05}(1)$	拒绝原假设	
发达国家	F 检验	$F = 3.69 > F_{0.05}(6,55)$	拒绝原假设	固定效应模型
	Hausman 检验	$H = 20.63 > X^2_{0.05}(1)$	拒绝原假设	
金砖国家	BP 检验	$BP = 0.33 < \text{chibar2}$	拒绝原假设	混合效应模型
	Hausman 检验	$H = 0.68 < X^2_{0.05}(1)$	拒绝原假设	

用确定好的模型进行条件 β 收敛检验，结果如表 6-4 所示。对所有国家同时回归，通过了显著性检验，系数为 −1.189，则认为不同国家的生产性服务业竞争力存在条件 β 收敛，结合 σ 收敛检验和绝对 β 收敛检验的结果，可以认为样本国家长期而言将会趋于各自的稳态，并且始终存在很大的竞争力差距。发达国家组同样通过了显著性检验，系数小于零，存在条件 β 收敛，发达国家生产性服务业正在向各自的稳定状态趋进，前文绝对 β 收敛检验显示发达国家间竞争力差距有明显扩大趋势。因此，综合来看，发达国家各成员生产性服务业的产业成熟度变得越来越高，技术效率值趋于稳定，但彼此之间的竞争力巨大差距会长期存在。金砖国家没有通过显著性检验，不过 P 值为 0.107，刚刚超出 10% 的临界值，所以系数 −0.066 也近似认为是可靠的，即金砖国家生产性服务业也同样存在条件 β 收敛。

表 6-4　生产性服务业国际竞争力条件 β 收敛检验结果

	所有国家	发达国家	金砖国家
β	−1.189	−0.355	−0.066
T 值	−2.740	−3.980	−1.660
P 值	0.008	0	0.107
调整的可决系数	0.079	0.2234	0.047
个体效应标准差	0.102	0.123	
干扰项标准差	0.089	0.042	
Rho	0.565	0.8944	

综上，本节对所考察国家生产性服务业国际竞争力进行了三种收敛检验。检验结果表明，所有样本国家生产性服务业国际竞争力仅存在条件 β 收敛，没有表现出 σ 收敛和绝对 β 收敛；7 个发达国家生产性服务业国际竞争力则同时存在 σ 收敛、绝对 β 收敛和条件 β 收敛；4 个金砖国家呈现出 σ 收敛和微弱的条件 β 收敛。这表明，11 个样本国家的竞争力走势正趋于稳定；经济发达国家与新兴市场国家生产性服务业发展存在内部差异性，发达国家生产性服务业国际竞争力差距逐年扩大，金砖国家差距有缩小趋势。

6.3　本章小结

本章首先运用数据包络分析法对生产性服务业国际竞争力进行了效率评价，考察了样本国家的综合效率、纯技术效率和规模效率。面对不同梯度国家间生产性服务业国际竞争力的差距，本章又利用经济收敛理论对所考察国家生产性服务业国际竞争力进行了三种收敛检验。结果表明，11 个样本国家的竞争力走势正趋于稳定；发达国家生产性服务业国际竞争力差距逐年扩大，而金砖国家差距有缩小趋势。

7 提升中国生产性服务业国际竞争力的发展思路及对策

通过对中国生产性服务业发展现状及国际比较的考察表明，在全球生产性服务业加速发展的态势下，中国生产性服务业发展水平总体偏低但增长速度明显加快，沿海地区发展水平较高且呈现集聚化格局。同时，中国生产性服务业发展市场化发育不足，生产与需求发展不相符，生产性服务业发展滞后于国家主导实体产业。

中国生产性服务业发展速度超过了国民总产出的增长速度和服务业总产出的增长速度，且在国民经济和服务业中的地位也稳步提升，但中国生产性服务业增长的过程具有波动性，而且由于起步晚、水平低，对国民经济的贡献较小。交通运输、仓储和邮政业以及批发零售贸易等传统劳动密集型产业提供的生产性服务比重较高，而涵盖信息传输、计算机服务和软件业、科学研究、技术服务的现代服务产业提供的生产性服务比重偏低。

基于生产性服务业国际竞争力评价体系，本书运用数据包络分析法从纵向和横向对11个样本国家的综合效率、纯技术效率和规模效率做了具体分析。分析结果显示，德国、俄罗斯、美国、意大利生产性服务业处于竞争力领先地位，实现了DEA有效。英国、法国、加拿大、巴西处于第二梯队，表现尚可。日本、印度、中国生产性服务业竞争力明显不足。收敛性分析表明，11个样本国家的竞争力走势正趋于稳定；经济发达国家与新兴市场国家产业发展存在内部差异性，发达国家生产性服务业竞争力差距逐年放大，金砖国家差距有缩小趋势。

为提升中国生产性服务业国际竞争力，缩小中国生产性服务业国际竞争力与其他发达国家的差距，应从生产性服务业国际竞争力形成机理入手，制定提升中国生产性服务业国际竞争力的战略目标及途径，制定相应对策，挖掘潜力、增强实力，增强环境支撑力，进而提升中国生产性服务业的国际竞争能力。

7.1 提升中国生产性服务业国际竞争力的原则

提升中国生产性服务业国际竞争力发展思路的确立，首先应遵循以下原则：

（1）坚持以国内外两个市场的需求为导向。提升生产性服务业国际竞争力应坚持以市场需求为主导。面对国内市场，应处理好政府和市场的关系，坚持"政府引导、市场主导"的原则，既要发挥政府的调控功能，又要坚持市场在资源配置中起决定性作用。同时，融入服务全球化的趋势中，动态监测国际市场的变化，建立完善的生产性服务业评估体制，积极发展具有比较优势的生产性服务业，提升产业能级，参与国际分工，增强中国生产性服务业在国际市场中的竞争能力和影响力。

（2）坚持产业融合联动发展。先进制造业与现代服务业彼此之间是相辅相成、共同发展的关系，前者是后者的基础和支撑，后者的发展为前者创造了条件。介于中国经济发展的独特性，产业融合联动发展更能适应中国经济发展现状以及产业基础。以信息技术为桥梁，对传统产业进行信息化改革升级，延伸原有的产业链条，大力发展与先进制造业相关联的生产性服务业，创造高效率的配套服务体系，完成产业间的互动互联，提高整体的产业竞争力。

（3）坚持开放带动与创新驱动。开放是创新的首要前提，以开放促进创新，打破传统的垄断保护主义，积极提倡全国各地实行开放型服务业制度，提高生产性服务业生产要素在服务业市场中的流动性，从而提高生产性服务业的竞争力。为创新提供良好的外部发展环境，在开放性服务业市场中共同促进产业创新和制度创新，稳扎稳打，扎实推进生产性服务业快速发展。在完善国内生产性服务业创新体系后，要建立国际化的生产性服务业专业化体系，以计算机技术为纽带，积极将大数据、云计算等技术与生产性服务业紧密结合，鼓励企业发展创新型生产性服务业，在产品创新、技术创新、管理创新、经营模式创新和市场创新上能有所突破。

（4）坚持集聚发展。生产性服务业具有集聚发展的特征，在满足生产性服务业在地区间均衡协调的基础前提下，积极发展具有高度空间集聚性的生产性服务业，在全国形成若干个集聚区，满足功能清晰、相对集中、按照地理特征合理配置等标准。生产性服务业集聚区的形成，应适应中国特色经济发展的特点和工业化、城镇化、农村现代化以及信息化的发展趋势，并有助于更为深入地实施主体功能区和区域发展总体战略。尽快实现生产性服务业的规模效益，引导其在中心城市、现代农业生产区和先进制造业集中发展区域内集聚发展。

7.2 提升中国生产性服务业国际竞争力的发展思路

基于以上基本原则，提升中国生产性服务业国际竞争力的总体思路为：充分发挥中国人才优势和技术优势，面向中国先进制造业发展、城市功能转型和获取全球竞争优势的重大需求，坚持产业融合联动、开放带动、创新驱动、重点突破、集聚发展、市场主导、政府推动的原则，紧紧抓住国内和国外在变革中的机遇，包括国际产业转移、国内现代化服务迅猛发展和产业结构调整等方面。深层次促进中国生产性服务业的市场化，加速生产性服务业对外开放，促进城市现代生产服务体系的集聚发展，积极承接生产性服务业的国际和国内转移，并为把中国的若干城市打造成为重要的区域性的外包中心而努力。加快发展高端生产性服务业，促进产业从基本生产性服务业向嵌入式生产性服务业转型，进而推动非嵌入式生产性服务和为生产性服务而服务的产业发展，使生产性服务产业不仅成为国民经济和战略性新兴产业的增长点，而且成为国民经济主导产业的坚实基础，进而提升中国生产性服务业在全球价值链当中的地位，提升中国生产性服务业国际竞争力。

7.2.1 加速生产性服务业市场化进程

中国当前服务业体系中的专业化运作、社会分工和资源信息共享体系还未形成。分工协作体系的低效率成为影响生产性服务业发展的重要因素。由于我国政府对市场的干预比较多、市场体系建立的时间并不长、市场信用度较低和法律制度的欠缺等，影响了市场的交易成本，使得交易成本过高，这对外部生产性服务业市场的形成产生了制约。服务企业对生产性服务的需求，主要是通过内部化的方式提供，在外部市场中，外购生产性服务并没有成为主流模式。很多大型的服务企业，例如电信和金融企业，即便是非核心的生产性服务也会通过内部提供来获取，这并没有很好地利用市场资源。一些行业的垄断经营十分严重，保险、民航、电信、银行等行业政府干预范围广，市场准入制度限制严格，导致市场机制作用产生了扭曲。因此，一方面，我们应创建优良的市场环境，整顿和规范市场秩序的运行，使生产性服务业在良好的社会环境中发展，建立全面的服务标准体系，并发挥行业协会的积极作用，降低市场的交易成本。促进服务企业采用归核化的战略，把非核心的服务外包。另一方面，排除必要要由国家垄断经营的和涉及国家安全的服务业，其他服务业都需要加大力度推进并完善改革措施，降低垄断经营的行为，构建公平、公开和规范的行业准则，提高市场竞争力，减少政府对经济运行的不当干预和控制，阻止各类创租和寻租的链条，促进服务业市场体系的再度优化。

7.2.2 提升生产性服务业国际化水平

经济全球化不仅有利于中国利用资源禀赋优势继续深入地参与国际分工，进而使本国的比较优势最大限度地发挥出来，同时会导致中国的生产性服务业陷入激烈的国际竞争。国际分工的有效参与，不仅可以使中国在国际服务产业体系中的地位得到提高，而且可以促使服务产业链由低到高演变。因此，我们需要遵守WTO的准则，进一步提高服务业开放程度，促进生产性服务贸易和服务投资的进一步开展。重点吸引跨国服务企业到中国设立分支机构和地区总部，经济较发达地区应把吸引外资的重点由制造业变为生产性服务业，并且对所引进的服务企业提供公共服务。国际服务外包作为全球服务产业链中国际转移的重要组成部分，发包国主要是发达国家，承接国主要是发展中国家，国际服务外包的主要内容是生产性服务，并且发达国家的第三产业成为其服务的主要对象。应发挥中国人力资源的优势，主动承接数据处理、财会核算、计算中心、呼叫中心等国际服务外包，提高对当前服务外包基础设施的建设，增大承包企业的经营范围，增强中国服务外包行业整体的竞争优势。促进服务企业走出去，拓展国际市场，在国外创建分部，并在国外为他国进行生产性的服务。

7.2.3 促进现代生产性服务体系的集聚发展

现代生产服务体系是在生产服务业各行业之间在专业化分工的基础上，形成相互提供知识、信息、技术等知识密集型生产服务，相互促进、协同发展的有机整体。发达国家生产性服务业的竞争优势不仅表现在某一主导产业上，而且表现为一种整体性的竞争优势。由于生产性服务业的地理集聚性，使城市成为现代生产服务体系的空间载体。现代生产服务体系的发展主导着国际化大都市的发展，其产生的集聚效应决定着城市经济的繁荣程度和国际竞争力的高低。城市生产服务体系高度依赖于城市经济发展所缔造的经济基础、市场制度、产业网络、人才集聚等基础条件，并且对外部知识、信息等要素的使用更多，对全球市场的依赖更大。因此，应改善城市发展的条件，构建优良的政策环境和产业基础，这也是现代服务体系发展的扎实基础。不断培养要素资源，优化供给条件，特别是加强专业人力资源要素积聚。营造良好的投资环境，提高国内和国外生产性企业的合作和交流,增强生产服务企业的共同进步。

7.2.4　重点发展生产性服务业中的高端行业

在工业化发展的中后期,生产性服务业将成为支撑中国制造业参与国际竞争的主要因素。制造业竞争力的强弱主要取决于技术研发和设计策划等高端服务业的支持,单纯依靠加工制造的企业会慢慢衰落,只依靠扩大规模和降低成本的企业,其附加价值会越来越低,利润也将不断减少。推进生产性服务业中高端行业的发展,不仅有利于中国改变传统的工业化道路,改变经济发展的模式,而且有利于增强自主创新的能力,提高产业的竞争力,促进"中国制造"转变为"中国创造",还有利于环境友好型和资源节约型社会的建设,实现经济和社会的可持续发展。

在世界的分工格局之中,贸易物流、产品设计等处于价值链高端的产业环节多由发达国家把控,而低附加值、低技术水平的处于价值链低端的制造业环节主要由包括中国在内的发展中国家承担。中国生产性服务业产业政策的制定必须积极鼓励和促进有实力的企业在发展中逐渐由生产制造环节向仓储运输、产品设计、产品销售、研究开发、原料供应等高端环节攀升,寻找一种不断重组和优化价值链中各增值环节,进而提高整体竞争优势的内生化、新型的升级模式。以显著提升产业发展整体素质和产品附加值为重点,围绕全产业链的整合优化,充分发挥生产性服务业在研发设计、流程优化、市场营销、物流配送、节能降耗等方面的引领带动作用。当然,优化高端生产性服务业的重点在于能否改进生产制造业的生产效率,同时,这也是生产性服务业相关政策取向和措施选择的主要着力点之一。

7.3　提升中国生产性服务业国际竞争力的对策

根据提升中国生产性服务业国际竞争力的原则及思路,结合生产性服务业国际竞争力形成机理及评价指标体系的构建，我们主要从投入性指标产业竞争实力、产业竞争潜力和产业竞争环境相关内容入手制定提升中国生产性服务业国际竞争力的相关对策，如图 7-1 所示。

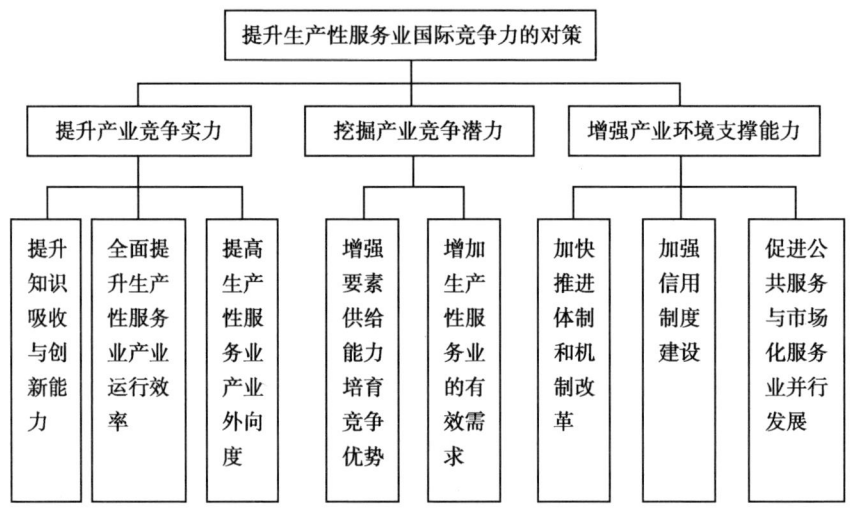

图 7-1　提升生产性服务业国际竞争力的对策

7.3.1　有效提升生产性服务业的知识吸收与创新能力

生产性服务业国际竞争力的关键竞争要素是产业的知识吸收与创新能力。生产性服务业的创新作为一项特殊的智力活动，整个过程都依赖于知识的吸收、积累和运用。生产性服务业创新活动的产出，无论是新的服务产品、新的技术、新的服务流程还是新的服务传输机制的改进，本质上都与知识紧密相关。

创新活动需要劳动、资金和知识的投入，而三者中知识的稀缺性最强，因而是最核心的投入要素。生产性服务业创新活动中，知识的类型主要包括隐性知识、专有知识和互补知识。隐性知识是相对于显性知识而言的，指无法用系统的语言表达，无法用公式、符号、手册说明的知识，具有高度的个人化特征，包括经验、感觉、观念等，不易传播和扩散。隐性知识是研发过程中最有价值的知识，对知识的搜寻和转移要求较高。专有知识指应用性较强的技术发明等，可以给企业带来垄断利润。互补知识指生产性服务业和关联产业的协同合作要求合作双方所拥有知识的互补性。每个企业都拥有自己的知识优势，并凭借这种优势在产业链中确立相应的地位。产业链成员间利用互补知识进行创新合作可以形成一种报酬递增的趋势，从而推动产业的发展。要提升生产性服务业国际竞争力，首先要求我们掌握和拥有充足的隐性知识、专有知识和互补知识，吸收知识、融化知识，进而形成创新能力。

根据 Bilderbeek 等（1998）提出的服务创新四个维度，这里分别从服务理念、服务平台、服务传输机制和技术选择四个方面制定相应的对策以提升生产性服务业创新能力。

（1）服务理念创新。服务理念创新是指超越既有模式的服务理念，将新的理念运用到服务过程中的运作模式。由于生产性服务业提供的是具有无形性的服务产品，服务理念的创新占有很大比重。新的服务理念主要来自于新技术带来的服务革新和新的服务提供过程以及顾客自身，包括解决问题新的理念和方法、新的营销规划、品牌推广计划、新的客户群分类等。

（2）服务平台创新。服务平台创新是企业与供应商或客户交流方式的创新，指利用新的服务提供方式和软硬件设施。例如，传统采购业务都是通过现场、现金和现货进行交易，而现在广泛使用的电子商务方式实现了远程交易和电子支付，实现了交易平台的变革，节省了交易费用，极大方便了交易双方。由于生产性服务的生产过程和消费过程同步，即具有即时消费的特点，所以服务平台的设计是服务创新的主要途径之一。可以利用一些独特的、不易被竞争者模仿的设计提升企业竞争力，包括电子信息发布、虚拟客户界面、新的客户交互界面、个性化服务支持以及基于客户忠诚度的特殊服务支持等。

（3）服务传输机制创新。服务传输机制创新是指内部组织与外部组织间使用的交换方式和服务技能的创新。生产性服务业的客户是服务生产的参与者，希望获得更多的个性化的服务。生产性服务企业应通过调整组织结构，提高员工素质和发展服务网络以满足新服务业务的需要，并实现服务创新，具体形式包括物流供应链的创新、基于不同消费者个性化建议、中间产品的附加服务、自助支付方式创新等。

（4）技术选择创新。技术选择创新指为生产性服务的物流、客户管理、自助服务等环节提供支持的技术系统的创新。生产性服务技术选择创新的目的是为客户提供更优质的服务，通常以信息技术为基础，如建立货物运输和仓储业务中的库存管理存货控制系统和补给系统，生产性包装服务中的智能包装、标签和扫描，电子商务和移动商务多媒体支持系统，以及识别和存取技术、数据导航和数据挖掘产品等。

以上四个方面的创新是生产性服务业创新的主要内容，四个方面的创新活动是通过组织开发、销售和市场营销等活动关联起来的。生产性服务企业在知识积累和吸收的基础上，形成新的服务理念。新的服务理念的提出和传递需要服务平台和服务传输机制的创新，新的技术选择也会影响到服务创新的实现，如图7-2所示。

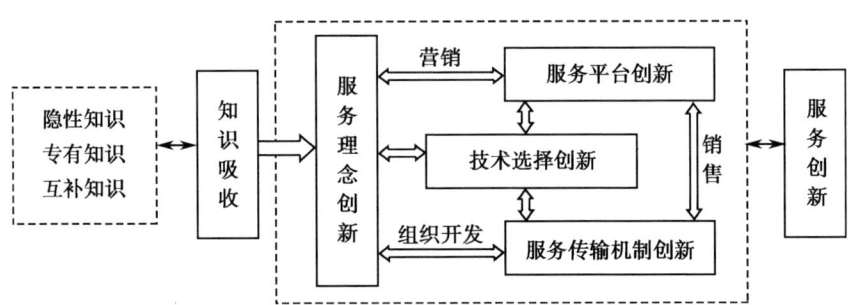

图7-2 生产性服务业知识吸收与服务创新作用机制

7.3.2 全面提升生产性服务业产业运行效率

（1）引领生产性服务企业的转型和升级。促进产业体系建设，合理运用产业政策的导向作用，对资源进行优化配置，提升生产性服务企业的自主创新能力和专业化程度。引领生产性服务企业调节服务项目的层次，大力发展高端服务，既可以有效满足国内和国外客户对于复合型、个性化服务的要求，也可以提高服务的附加值和技术含量。要促进生产性服务业重组整合，培养一大批在国际竞争中具有优势的生产性服务企业。加大力度推进服务业的品牌建设，对企业品牌的进一步发展增强指导和服务，并且大力扶持服务业中龙头企业品牌国际化建设。积极制定服务业的行业标准，进一步开展生产性服务业标准化试点的示范工作。增强对生产性服务企业的培训，积极促进企业使用国际先进标准，增强服务质量，使服务行为更加规范。通过服务业企业机制、管理体制、服务品种和组织形式的创新改革，快速引进先进服务标准和技术，推动中国生产性服务业整体规模水平的提升。

（2）支持新兴服务业态发展。新兴服务业态的发展潜力巨大，要支持新兴业态的发展，我们必须找出适合其发展的对策。营造宽松的市场环境，放宽市场准入规则，对工业设计、服务外包、研发服务、软件、会展、文化创意、电子商务、信用消费、法律服务、互联网信息服务等新兴服务业发展进行支持。需要更深入地完善鼓励政策，进而加强对研发活动的支持，通过发展科研服务等生产性服务业，促进电子、生物工程、环保、节能等重大科技领域的技术突破。同时，把促进科技成果的产业化、完善产业链条中的生产性服务业和加大科技成果的转化率作为发展的重点。

（3）充分发挥行业协会、商会、产业联盟的作用。适当放松对设立社团法人和事业法人的限制，解决产业联盟的法律身份和监管问题，鼓励具备条件的服务领域发展全国和地区性的行业自律组织，例如行业协会和产业联盟等。同时，把产业联盟和行业协会作为政治实施平台以推动产业发展和实现有效社会治理。充分发挥行业自律组织在市场、行业、服务、技术等方面的研发和推广作用。以维护行业稳定为服务宗旨，为行业提供更为优质的服务，争取满足行业内各企业的服务诉求，从而提高整个行业的服务水平。政府的调控机制要发挥其重要作用，通过构建和整合产学研联盟、产业资源等产业链上的关键节点来降低市场的各类风险，推动生产性服务业形成优势互补、良性互动的产业链，由点到面，全面发展。

与此同时，要加快各行业协会、商会的转型步伐，梳理行业协会与政府之间的关系，鼓励行业协会多样化发展，从政府角度，完善规制措施和管理模式。政府要减少对行业协会的行政干预，逐步实现由以摊派任务为主的垂直管理关系向以服务采购为主的平行协调关系转变，重点解决协会普遍反映的地位低、办公设施不足等问题；建立政府委托授权机制，加强协会的服务职能，同时加大对行业协会的资助力度，提高购买服务付费水平，并使购买服务制度化，稳定协会的经费来源；加强政府与各行业协会、商会、产业联盟的定期沟通和不定期交流。

（4）完善服务业统计制度。目前，国家对生产性服务业的统计工作还没有形成完善的体系，在产业或行业研究上受到一定的阻碍。应以国家现行的行业标准为基础，以行业发展实际情况为根本，以行业特征为重点，合理配置行业统计劳动力资源和资金资源，综合采用全面调查、抽样调查、重点调查、科学推算等方法，逐步改进服务业统计调查制度，完善统计指标体系，加强对生产性服务业发展状况的经常性统计，提高统计数据的准确性和时效性。全国各地要建立本地的行业监测体系，以便将行业的最新情况以数据的形式及时反映出来。与生产性服务业相关的部门，根据本部门的职能定期开展行业的相关分析工作，建立通畅的信息沟通机制，以便对行业内部发生的问题尽快尽早地处理解决。

7.3.3 提高生产性服务业产业外向度

（1）积极发展生产性服务贸易。提升生产性服务业国际竞争力，必须积极参与国际经济合作与竞争，加快引导中国生产性服务企业参与国际竞争，提升中国生产性服务贸易的发展水平和国际竞争能力。应采用税收政策、土地政策等激励政策引导、扶持国内资源流向具备良好发展前景的生产性服务行业和企业。建立支持生产性服务企业"走出去"的服务平台，扶持出口导向型生产性服务企业发展，扩大具有比较优势的生产性服务贸易规模。同时,要加大对专利权和特许权转让收益等现代无形生产服务资产的法律保护,并按照国际相关准则严格制定有关法律法规,为中国生产性服务贸易创造良好的环境。积极推动中国生产性服务贸易结构的优化升级,使生产性服务业实现由劳动密集型向知识密集和技术密集型转变。此外,应激发货物贸易和生产性服务贸易的协同效应。生产性服务业是在全球专业化分工过程中从货物生产中独立出来的,生产性服务贸易最初也包含于货物贸易之中。因此,提高货物贸易对生产性服务贸易的关联作用至关重要,要积极扶持高端货物生产企业的服务再创造能力,推动货物贸易与生产性服务贸易相结合的国际贸易经营模式。

(2)大力发展生产性服务外包。随着经济全球化趋势愈加明显,世界服务外包市场愈加成熟,服务外包既是生产性服务业全球化发展的重要表现形式,也是促进其发展的重要因素之一。从企业层面上讲,为打造具有国际竞争力的生产性服务业,应该鼓励发展成熟的国内生产性服务企业主动承接国际服务外包业务,具体包括数据处理、信息管理、工业设计、技术研发等业务。从政府层面上讲,为生产性服务企业铺好通往国际市场的路十分重要。宏观角度应打造承接生产者服务外包的中心城市,引导区域协调发展。微观角度应重点扶持具有发展潜力、技术实力雄厚、品牌信誉高的生产性服务企业,并打造一批足够支撑生产性服务业技术和规模的信息技术企业。

(3)促进本土生产性服务企业融入全球价值链。提高生产性服务业的产业外向度,尤其是提高生产性服务业参与国际交流能力和影响力是产业实力提升的重要标志。应积极引进外商直接投资,鼓励中资企业借助外力实现产业转型升级,鼓励中资生产性服务企业与外资生产性服务企业合作或合资成立联合研发中心。外资在华企业开展自主研发、发展自主品牌并销售若业绩可观的,应予以一定的奖励。应简化或降低中外合资合作项目的审批程序或市场准入门槛,在土地使用费、税收等方面予以扶持。支持本土生产性服务企业开展跨国经营,鼓励企业在海外设立分支机构，对在境外提供生产性服务并获得境外收入的企业在税收上予以一定的优惠。对中资企业收购外资生产性服务企业，进行研发中心、营销渠道等战略性境外投资项目给予政策上的支持。

7.3.4 增强要素供给能力培育竞争优势

（1）加快对生产性服务业专业人才的培育和引进。印度在计算机和信息技术服务贸易竞争力的后发赶超已经启发我们，必须加强生产性服务业在人力资本方面的投入和培养。中国拥有十分丰富的劳动力资源，但知识技能和专业化水平普遍较低，而生产性服务业的竞争本质上是知识技术和专业人力资本的竞争。加快对生产性服务行业从业人员的培养，并积极从海外引进紧缺行业的专业人才是提升中国生产性服务业国际竞争力的根本途径。应鼓励高等院校改革人才培养模式，可与生产性服务业企业进行联合人才培养，根据企业"订单"，合理调整专业及课程设置，联合企业培养适应社会需求的生产性服务业专门人才。制定和实施新的人力资源政策，允许服务技术入股，改革服务领域的收入分配制度。建立人才激励机制，积极引进、培养、留住高素质、高技能和创业型优秀人才，并选派一定数量的生产性服务业优秀人才纳入高层次人才出国培训资助计划。

（2）拓宽生产性服务业投融资渠道。拓宽生产性服务企业的融资渠道可以从企业内部和外部两方面进行。首先，从生产性服务企业外部来看，政府应加大对其扶持力度，适当简化融资审批流程，推进生产性服务企业信贷融资的制度创新，增强对金融机构的补贴力度，增加金融机构对其贷款额度，适当放宽企业的申贷标准，与金融监管部门保持密切联系和配合，协商有关部门对生产性服务企业实施以未来现金流和知识产权为抵押的贷款业务，支持资本市场对企业的融资模式。设置专门针对生产性服务业的贷款公司，扩大贷款来源的同时实施有效风险控制监管体系。其次，从生产性服务企业内部来看，应改善企业的资本结构，提高企业的信誉度，便于在资本市场通过发行股票和债券等形式直接获取融资。适当扩大企业的规模，增强企业的竞争力，提高资金的使用效率。开展多元融资渠道，以便分担融资风险。

（3）有效降低生产性服务业的商务成本。为促进生产性服务业的发展，今后应高度重视并继续优化行业的投资环境，将行业内的企业生产成本控制在合理范围内。首先，适当减小行业的收费负担，组织调查和评估服务企业的收费负担，及时清理各类收费，取消和制止不合理收费项目，禁止收取未经国家和地方政府明文规定的各项税费，降低收费相对较高的税费科目。严厉打击乱集资的行为，保证生产性服务业经营环境的合法性和安全性。其次，保证生产性服务企业在使用水、热、气、电等公共资源缴费的公平性。在用电方面，加大与电网等相关部门的协调力度，积极争取国家政策支持，降低企业运营成本。最后，生产性服务业重点领域用地纳入各级政府的优先领域。对企业重点领域使用的土地，国家应出台相应政策给予一定的扶持和鼓励。包括：①国家应将该部分用地列入公开出让计划内，并为该部分土地设立专项管制。②生产性服务企业使用的土地属于工业厂房、传统商业用房和仓储用房等存量房产，且该部分土地由划拨方式取得，可根据国家相关政策对建设用地和供地手续进行优先办理。③引导企业实行"退二进三"政策，根据生产性服务业的行业特征，鼓励市区内的工业企业将土地置换给生产性服务业企业，而使用郊区土地开展工业生产，可以提高土地的利用效率。

7.3.5 增加生产性服务业的有效需求

（1）引导制造企业加大力度剥离生产性服务。中国传统制造业由于受到各种因素的影响，对生产性服务都采用自给自足的方法维持经营活动正常运行，对市场性的生产新服务业的需求不是很大，应采取有效措施推动传统制造业的生产性服务的市场化进程，鼓励其服务外包，将生产性服务交给专业的企业完成，扩大对生产性服务业的需求。政府应在税收、统计、行政审批方面予以引导和支持，以制造业企业的实际情况为标准，将具有一定规模和成熟经验的服务部门从企业抽离出来，并把服务部门设立为独立的企业，对其审批手续、资历认证和登记等方面适当放宽，提高效率。鼓励国有制造企业从生产环节向自主研发、品牌营销等服务环节延伸，剥离组建生产性服务企业，并为社会提供服务。按照选择试点、先易后难、逐步推广的原则，鼓励具备剥离条件的制造企业先行先试。剥离组建生产性服务企业后，经济指标基数同时剥离，在统计上按照第二产业和第三产业分开核算，在税收和统计等方面予以重点支持。

（2）实现生产性服务业与制造业的互动发展。生产性服务业的发展与制造业的发展紧密相连。金融、保险、咨询、租赁等生产性服务部门主要是在工农业的高速发展中需要为其服务而产生，这种联系本质上就是一种相互依存关系，即两者相互影响，相互配合，共同生存和发展。因此，应当以二者联合发展为目标，提高二者的配合水平和效率，实现互动融合，以项目为纽带，促进二者的合作创新。对于制造企业在向先进制造业转型过程中需要与生产性服务企业合作进行的技术研发、产品设计等合作项目，政府应在审批程序、资金投入等方面予以支持，促进双方技术和知识的互补。此外，因制造业与生产性服务业的互动发展需要有效的信息交互系统来承载和传递相关信息，所以有必要搭建公共信息交互平台进行信息检索，实现信息共享。

（3）优化生产性服务业的产业需求结构。除了制造业与生产性服务业的联系紧密外，其余的产业与其并没有密切的联系，那么生产性服务业的需求主要来源于两方面，一方面来自制造业的需求，另一方面来自生产性服务业部门之间的需求。从目前的产业发展情况来看，生产性服务业部门之间的需求比较大，甚至超过了制造业对生产性服务业的需求。因此，要发挥生产性服务业的空间集聚作用，必须加强产业内部的联系，从而优化产业的需求结构。

7.3.6 增强生产性服务业产业环境支撑能力

7.3.6.1 加快推进体制和机制改革

提升中国生产性服务业国际竞争力必须把国内深化改革作为突破口，转变思想观念，进一步推进体制和机制改革，完善监管制度和运行机制，提高市场化程度，增强生产性服务业的发展活力和动力。

（1）转变思想观念，减少行政性审批，推进市场化改革。从国际经验看，市场化发展的过程，同时是政府放松经济性管制、让市场竞争机制在资源配置中发挥基础性作用的过程。可以说，政府在宏观调控中放松经济性管制是市场化改革的前提和基础。为继续推进市场化改革，增强市场竞争的活力，应以国际通行做法为标准，根据中国生产性服务业的实际情况，对生产性服务业市场准入和行业监管进行改革，尤其是在审批、行业准入条件、监管等方面，建立公正、公开、公平的市场准入和行业监管制度。政府一方面要放松对生产性服务行业的经济规制，另一方面要提高对市场和公共服务监管的力度，保证生产性服务行业处于一个良性竞争的环境中，以防具有控制市场能力的垄断性企业产生不良的竞争行为。行业监管部门要时刻掌握生产性服务业的行业动态，对新兴产业形态要及时建立监管体系和措施。培育有利于创新和创业的制度环境，依靠市场力量推动新兴产业的发展。

（2）强化政府部门的服务意识，提升公共服务能力。政府的基本职能是提供公共服务，应加大力度推进网上办公，做到政府信息公开，为行业和企业提供高效的政府管理和及时的信息发布，加快向"公共服务型政府"的转变。在具备条件的产业集聚区设立审批、工商登记、税务、补助申报等"一站式"服务窗口，减少审批环节，提高办事效率和服务质量，降低企业的成本和负担。深化服务领域的行政管理体制改革，建立部门间协调配合和信息共享机制，实现信用评级等行业的统一集中监管，尽快解决政出多门、多头管理和部门分割问题。

（3）促进国有企业主辅分离，发展壮大生产性服务业。目前，很多国有大中型企业中被划定为辅业的资产具有较高的技术含量、较强的竞争能力,如众多行业内的研究院、设计院等单位。对这部分辅业资产,国家和企业都应重新定位。主业和辅业是相对而言的概念,在当前产业不断融合、全球生产型制造向服务型制造转型的大背景下,研发、设计、物流、配送、营销、金融服务、战略咨询等正在成为产业链的重要环节,而传统上被界定为辅业的生产性服务正成为制造业利润的重要来源。今后应继续推进国有企业主辅分离,不断提高国有企业的运营效率。对辅业资产进行专业化重组,形成多个利益和责任边界相对清晰的业务板块,实现优势互补,增强辅业的可持续发展能力。支持钢铁、汽车、纺织、石化等行业,将内设的优势软件和信息技术服务机构、研发机构、物流部门进行剥离,组建专业化的服务企业,拓展发展空间。

对于中小型的辅业资产,与主业关系紧密程度不高的生产性服务业,可采取剥离、整体外包等改革模式。对一些规模比较大、产业价值比较明确的辅业企业,宜采取重组上市或吸收战略投资者的模式。中国电信、中国海油均采取了重组上市的模式,改革后的辅业既对主业服务,也对社会服务,既提高了对集团主体业务的服务质量和效率,也形成了集团公司新的业务增长点。中国一汽和鞍山钢铁对一些行业地位比较高、规模比较大的辅业资产,采取了吸收外国投资者的模式,吸引了行业内的世界一流企业参与,既解决了辅业的发展问题,又发挥了为主业更好服务的作用。这些企业的辅业改革做法对其他国有大中型企业,特别是对特大型国有企业处置辅业资产具有借鉴意义。

7.3.6.2 加强信用制度建设

信用及信用制度已成为维护服务经济有效运行的重要机制。加强信用制度建设,为中国服务经济的发展提供制度支撑和有效保障,是"十三五"期间一项重要的任务。

(1) 做好征信立法工作。要进一步加强征信立法工作,在立法过程中,应注意立法项要与产业发展的实际情况相吻合,重点是信用立法,包括对信用交易、信用信息公开和信用中介行业管理立法三个方面,在信用立法中,对评估中介机构和管理体制方面要着重考量,规范数据的开放范围,确保数据的有效性和真实性,明确因信用缺失而承担的相应法律责任。

(2)推动和引导社会信用体系建设。建议由中国人民银行牵头,联合中国银行业监督管理委员会、中国证券监督管理委员会、中国保险监督管理委员会、财政部等部委,建立信用信息共享机制,不断完善公共征信系统。同时,要按法律规范和市场需求,逐步统一技术标准和工作规范,发挥地方的积极性,建立以经济区域为核心多层次的立体化信用管理运作形式,促进信用信息资源整合和共享。

(3)促进信用中介机构发展壮大。充分发挥政府、社会和市场三方的作用,通过引导、扶持和投资的方式培育信用中介结构。扩大信用行业的对外开放力度,适度引进国外资本,大力引进国际高级人才和先进的经营理念,提高行业服务水平。在人民币国际化进程中,坚持以国内评级机构为主开展相关业务,提高其信用评级水平和社会影响力。利用对外贷款、提供援助等机会,支持国内评级机构的发展。

(4)扩大社会信用需求。鼓励民营征信机构提供具有创新性的信用服务业务,为全社会的信用服务提供多元化的业务形态,同时增强各类社会主体的信用意识,积极提高社会信用观念,增加企业和公民对信用产品的运用,有效扩大社会信用需求。逐步放松中国债券发行和交易管制,丰富债券发行主体,加快交易所债券市场的发展,扩大信用评级业务的有效需求。

7.3.6.3 促进公共服务与市场化服务并行发展

社会上提供的服务分为市场化服务和公共服务两个组成部分,市场化服务是经营性的服务,公共就业服务、义务教育、公共卫生、社会保障、公共文化等是各国政府向公众提供的基本公共服务。区分二者之间的界限,促进两个服务体系的共同发展,是主要市场经济国家在发展服务业方面的有效做法。

建议在前期改革探索的基础上,以深化改革和开放创新为动力,继续推进体制改革。"十三五"期间，逐步将我国政府提供的公共服务与市场竞争业务进行拆分。教育培训、广播电视、文化、人力资源等领域的公共服务要明确其公共服务职能和公益性质，以政府的公共财政作为支撑，政府加强监管，不断提高服务质量。上述领域可以通过民间力量和社会资本来增加社会供给，从而实现市场化服务，逐步实现产业化参与市场竞争。

例如，可拆分中国的公共就业服务和经营性的人力资源服务业，拆分后的公共就业服务主要包括人才公共信息汇集与发布、人事代理、人事档案管理、帮助高校毕业生就业、特定人才智力引进、制定人力资源市场发展规划、人才环境监测和为困难群体就业提供无偿服务等服务，这些服务的共同特征是具有很强的社会性，主要是为社会提供公共产品。经营性的人力资源服务业包括人才培训、人力资源外包、劳务派遣、人才测评、管理咨询等，这些服务的共同特征是具有市场性，可以参与市场竞争，拆分后的人力资源服务业如果存在继续为社会提供服务的业务，则那部分业务可由财政进行适当补贴，或者由公共管理部门支付这部分服务的价格。今后，在大力发展公共就业服务体系的同时，要积极促进人力资源服务业的市场化发展，以市场需求为导向，合理配置服务资源。

7.4 本章小结

本章针对中国生产性服务业国际竞争力评价结论，提出提升中国生产性服务业国际竞争力的原则和发展思路，并从提升生产性服务业知识吸收与创新能力、全面提升生产性服务业产业运行效率、提高生产性服务业产业外向度、增强要素供给能力培育竞争优势、增加生产性服务业有效需求及增强生产性服务业产业环境支撑能力等方面提出提升中国生产性服务业国际竞争力的对策建议。

8 结 论

本书在梳理现有生产性服务业国际竞争力相关理论及文献的基础上，对世界生产性服务业发展趋势及中国生产性服务业发展现状和国际比较情况进行了深入分析，基于生产性服务业的特征及发展模式和经验，对生产性服务业国际竞争力的竞争要素进行提炼，并提出了生产性服务业国际竞争力形成的概念模型及提升生产性服务业国际竞争力的作用机制。在此基础上构建了生产性服务业国际竞争力的评价体系，对中国生产性服务业国际竞争力进行了效率评价和收敛性分析，并提出提升中国生产性服务业国际竞争力的对策建议。全书的研究工作主要得出如下结论：

（1）在全球生产性服务业加速发展的态势下，中国生产性服务业发展水平总体偏低，但增长速度明显加快，沿海地区发展水平较高且呈现集聚化格局。中国生产性服务业发展市场化发育不足，生产与需求发展不相符，生产性服务业发展滞后于国家主导实体产业。

（2）中国生产性服务业发展速度超过了国民总产出增长速度和服务业总产出的增长速度，且在国民经济和服务业中的地位也稳步提升，但中国生产性服务业增长的过程具有波动性，而且由于起步晚、水平低，对国民经济的贡献较小。中国生产性服务业服务对象主要是工业和服务业。交通运输、仓储和邮政业以及批发零售贸易等传统劳动密集型产业提供的生产性服务比重较高，而涵盖信息传输、计算机服务和软件业、科学研究、技术服务的现代服务产业提供的生产性服务比重偏低。

（3）生产性服务业国际竞争力的形成是一个多维度的复杂动态体系，应该是竞争实力、竞争潜力、产业竞争环境所构成的一个相互支撑、相互作用的系统。其中，知识吸收与创新能力是生产性服务业国际竞争力的核心。知识吸收与创新能力和要素投入、企业素质以及产业组织结构决定了生产性服务业国际竞争力的基础，即产业竞争实力。产业竞争实力、产业竞争潜力和产业竞争环境共同构成了生产性服务业国际竞争力的动力源。

（4）生产性服务业产业国际竞争力提升，是多种因素综合作用的结果，受内外动力机制的有机组合、有效整合的影响。其中，内源动力以知识吸收与创新能力为核心，以产业竞争实力和产业竞争潜力各因子为主要内容，是生产性服务业国际竞争力提升的基础和潜力，外源动力主要包括生产性服务业国际竞争力所处生态环境各因子，通过对内源动力因子的制约作用，决定着生产性服务业国际竞争力提升空间和速率。内外动力机制是不可分割的两部分，两者综合作用的结果有利于生产性服务业国际竞争力的提升。因此，可以构建内外源动力机制推动生产性服务业国际竞争力提升的"双轮"驱动作用机制。

（5）从市场拓展能力、产业竞争实力、产业竞争潜力、环境支撑能力四个方面出发构建的生产性服务业国际竞争力评价体系具有一定的合理性，其中，贸易竞争优势指数、自主创新能力、国际市场占有率、制造业的中间需求、贸易自由度五个方面将对生产性服务业国际竞争力产生重要的影响。效率分析显示，中国生产性服务业国际竞争力明显不足，应从技术和规模两个方面寻找应对之策。

（6）为提升中国生产性服务业国际竞争力，应坚持以国内外两个市场的需求为导向，坚持产业融合联动发展，坚持开放带动、创新驱动和集聚发展，以促进生产性服务业市场化和国际化、促进城市现代生产服务体系的集聚发展、重点发展生产性服务业中的高端行业为发展思路，从提升生产性服务业知识吸收与创新能力、全面提升生产性服务业产业运行效率、提高生产性服务业产业外向度、增强要素供给能力培育竞争优势、增加生产性服务业有效需求及增强生产性服务业产业环境支撑能力等方面着手提升中国生产性服务业国际竞争力。

由于时间和水平有限，本书仍存在许多不足之处。如生产性服务业国际竞争力评价，涉及众多指标和众多国家的数据，在目前的国内国际统计条件下，获取全面可靠的数据是一项很有挑战性的任务。尽管笔者竭尽所能，仍有少数指标采用了代理指标数据，显然，代理指标的解释力会有所降低；在对生产性服务业国际竞争力进行实证研究时，各国统计数据行业分类差别较大，在数据采集时会进行合并处理，可能会存在不合理的情况。此外，由于投入产出数据的滞后性，因此在利用投入产出数据进行统计分析时，数据年限较早也是一个缺陷。

在后续的研究中将弥补以上不足，并对现有生产性服务业国际竞争力评价指标体系进行逐步完善和改进，优化现有评价的方法，使得评价结果更加科学、合理。此外，还将借鉴本书研究思路，拓展和细化主体研究范围，可以对生产性服务业某一重要产业的国际竞争力进行评价，为我国更好实现产业国际化发展战略提供更多更好的理论依据和实践建议。

附　录

附录 A

附表 A-1　2004~2012 年中国生产性服务业行业增加值增长情况

单位：亿元

行业 年份	交通运输、仓储和邮政业	批发零售业	金融业	信息传输、计算机服务和软件业	租赁和商务服务业	科学研究、技术服务和地质勘查业
2004	9304.4	12453.8	5393	4236.3	2627.5	1759.5
2005	10835.7	13534.5	6307.2	4768	2921.4	2050.6
2006	12481.1	15471.1	8490.3	5329.2	3280	2409.3
2007	14805.9	18866.1	13332	5999.7	3771.6	2925.8
2008	16362.5	26182.3	14863.3	7859.7	5608.2	3993.4
2009	16727.1	28984.5	17767.5	8163.8	6191.4	4721.7
2010	19132.2	35746.1	20980.6	8881.9	7785	5636.9
2011	22432.8	43445.2	24958.3	9780.3	9407.1	6965.8
2012	24660	49394.4	28722.7	10974.1	10837.7	8241.1

资料来源：根据 2006~2014 年《中国第三产业统计年鉴》数据汇总整理而得。

附表 A-2　2004~2012 年中国生产性服务业发展状况　　　　单位：%

年份	2004	2005	2006	2007	2008	2009	2010	2011	2012
生产性服务业增加值占第三产业增加值比重	55.41	55.04	56.02	57.47	57.00	55.77	56.55	57.01	57.27
生产性服务业产值占GDP比重	22.3	22	22.3	23.2	23.8	24.2	24.4	24.8	25.5
第三产业增加值占GDP比重	40.4	40	40	40.4	41.8	43.4	43.2	43.4	44.6

资料来源：根据 2006~2014 年《中国第三产业统计年鉴》数据汇总整理而得。

附表 A-3　西方七国生产性服务业发展水平主要指标　　　　单位：%

国家（地区）	第三产业增加值比重	生产性服务业占第三产业总产出的比重	生产性服务业占国民总产出的比重
美国	77.24	38.85	26.61
日本	70.56	36.02	20.04
英国	75.85	39.87	27.05
德国	70.16	44.25	25.05
法国	77.03	41.88	26.30
意大利	70.93	44.70	25.62
加拿大	65.62	38.99	21.49

资料来源：根据 OECD 组织 2009 年版投入产出数据库计算得出。

附表 A-4　金砖国家生产性服务业发展水平主要指标　　　　单位：%

国家（地区）	第三产业增加值比重	生产性服务业占第三产业总产出的比重	生产性服务业占国民总产出的比重
中国	39.04	51.99	14.12
印度	50.49	44.15	16.36

续表

国家（地区）	第三产业增加值比重	生产性服务业占第三产业总产出的比重	生产性服务业占国民总产出的比重
俄罗斯	55.04	33.44	15.16
巴西	65.02	35.12	17.35
南非	66.54	47.27	25.02

资料来源：根据 OECD 组织 2009 年版投入产出数据库计算得出。

附表 A-5　其他先进经济体第三产业及生产性服务业发展水平主要指标

单位：%

国家（地区）	第三产业增加值比重	生产性服务业占第三产业总产出的比重	生产性服务业占国民总产出的比重
荷兰	73.74	42.12	25.69
卢森堡	82.94	63.42	51.96
挪威	55.60	41.20	22.62
葡萄牙	72.63	62.25	45.21
瑞典	71.23	42.81	25.73
瑞士	71.60	40.33	24.56
西班牙	67.11	37.61	19.38
希腊	75.52	28.00	18.34
中国台湾	71.06	37.64	16.59
新西兰	69.07	45.37	26.04
爱尔兰	63.60	64.01	33.36
奥地利	68.90	39.92	23.05
澳大利亚	69.96	44.82	27.53
比利时	75.09	47.32	28.53
丹麦	73.06	41.94	27.23

续表

国家（地区）	第三产业增加值比重	生产性服务业占第三产业总产出的比重	生产性服务业占国民总产出的比重
芬兰	64.75	45.22	23.64
以色列	74.67	37.66	24.22
韩国	57.40	44.01	18.13

资料来源：根据OECD组织2009年版投入产出数据库计算得出。

附表 A-6　2005~2014年样本国家生产性服务业国际竞争力年度综合效率值

年份	2005	2006	2007	2008	2009	2010	2011	2012	2013	2014	均值
巴西	1	1	1	0.616	0.705	0.539	0.512	0.435	0.36	0.33	0.602
德国	1	1	1	1	1	1	1	1	1	1	1
俄罗斯	1	1	1	1	1	1	1	1	1	1	1
法国	0.856	0.825	0.918	0.935	0.968	0.924	0.89	0.87	0.858	0.832	0.886
加拿大	0.719	0.666	0.647	0.634	0.543	0.619	0.616	0.656	0.647	0.649	0.638
美国	1	1	1	1	1	1	1	1	1	1	1
日本	0.559	0.534	0.541	0.486	0.428	0.468	0.427	0.42	0.383	0.376	0.458
意大利	1	1	1	1	1	1	1	1	1	1	1
印度	0.313	0.366	0.264	0.295	0.326	0.338	0.374	0.378	0.397	0.394	0.342
英国	0.861	0.995	1	1	1	1	1	1	1	1	0.985
中国	0.207	0.227	0.211	0.243	0.175	0.218	0.224	0.256	0.276	0.277	0.229

附表 A-7　2005~2014年样本国家生产性服务业国际竞争力年度纯技术效率值

年份	2005	2006	2007	2008	2009	2010	2011	2012	2013	2014	均值
巴西	1	1	1	1	1	1	1	1	1	1	1
德国	1	1	1	1	1	1	1	1	1	1	1

续表

年份	2005	2006	2007	2008	2009	2010	2011	2012	2013	2014	均值
俄罗斯	1	1	1	1	1	1	1	1	1	1	1
法国	0.91	0.883	1	0.988	1	1	1	0.975	0.979	0.967	0.969
加拿大	0.893	0.866	0.876	0.898	0.914	0.973	1	1	1	1	0.94
美国	1	1	1	1	1	1	1	1	1	1	1
日本	0.735	0.719	0.811	0.766	0.792	0.88	0.853	0.866	0.867	0.875	0.814
意大利	1	1	1	1	1	1	1	1	1	1	1
印度	1	1	1	1	1	1	1	1	1	1	1
英国	0.876	1	1	1	1	1	1	1	1	1	0.987
中国	0.722	0.596	0.792	0.63	0.746	0.949	0.923	0.932	0.925	0.951	0.806

附表 A-8　2005~2014 年样本国家生产性服务业国际竞争力年度规模效率值

年份	2005	2006	2007	2008	2009	2010	2011	2012	2013	2014	均值
巴西	1	1	1	0.616	0.705	0.539	0.512	0.435	0.360	0.330	0.602
德国	1	1	1	1	1	1	1	1	1	1	1
俄罗斯	1	1	1	1	1	1	1	1	1	1	1
法国	0.941	0.934	0.918	0.946	0.968	0.924	0.890	0.892	0.876	0.860	0.914
加拿大	0.805	0.769	0.739	0.706	0.594	0.636	0.616	0.656	0.647	0.649	0.679
美国	1	1	1	1	1	1	1	1	1	1	1
日本	0.761	0.743	0.667	0.634	0.540	0.532	0.501	0.485	0.442	0.430	0.563
意大利	1	1	1	1	1	1	1	1	1	1	1
印度	0.313	0.366	0.264	0.295	0.326	0.338	0.374	0.378	0.397	0.394	0.342
英国	0.983	0.995	1	1	1	1	1	1	1	1	0.998
中国	0.287	0.381	0.266	0.386	0.235	0.230	0.243	0.275	0.298	0.291	0.284

ps
附录 B

中国生产性服务业国际竞争力评价指标体系专家调查问卷

尊敬的专家：

您好！我是哈尔滨商业大学经济学院的博士研究生，我的博士论文题目是《中国生产性服务业国际竞争力研究》，为了对论文的论点进行充分的论证、为论文提供客观翔实的数据资料，除了收集大量的文献资料，还需要进行社会调查，通过发放专家问卷，以获取更多的第一手资料和数据，为论文的研究提供充分的数据支撑。

本调查试图构建一个生产性服务业国际竞争力的评价指标体系，以便综合评价中国生产性服务业的国际竞争力状况。因得知您在此方向的研究中拥有极高的专业造诣和丰富的实践经验，特诚恳地邀请您抽出宝贵的时间填写相关意见征询表。您的指导意见将对我的研究有重要的帮助，衷心感谢您的参与和支持！

一、生产性服务业国际竞争力评价指标权重调查

填表说明：在这一部分的调查中，请您对下列评价指标进行两两比较，判断两个指标的相对重要性，其相对重要性用数字 1~9 或者其倒数表示。

附表 B-1 优势度取值

标度值	代表含义
1	表示两因素比较，i 因素与 j 因素比同等重要
3	表示两因素比较，i 因素与 j 因素比稍微重要
5	表示两因素比较，i 因素与 j 因素比明显重要
7	表示两因素比较，i 因素与 j 因素比非常重要
9	表示两因素比较，i 因素与 j 因素比绝对重要

续表

标度值	代表含义
2、4、6、8	以上中间状态对应的标度值
倒数	因素 i 和 j 比较 b_{ij}，则因素 j 和 i 比较得到 $b_{ji}=1/b_{ij}$

附表 B-2 生产性服务业国际竞争力评价体系两两指标相对重要性比较专家意见征询表

层次		相比较的两个指标	标度值
准则层		"产业拓展能力"指标与"产业竞争实力"指标相比较	
		"产业拓展能力"指标与"产业竞争潜力"指标相比较	
		"产业拓展能力"指标与"环境支撑能力"指标相比较	
		"产业竞争实力"指标与"产业竞争潜力"指标相比较	
		"产业竞争实力"指标与"环境支撑能力"指标相比较	
		"产业竞争潜力"指标与"环境支撑能力"指标相比较	
指标层	市场拓展能力	"生产性服务业增加值"指标与"生产性服务业产值占GDP的比重"指标相比较	
		"生产性服务业增加值"指标与"贸易竞争优势指数"指标相比较	
		"生产性服务业增加值"指标与"显示性比较优势指数"指标相比较	
		"生产性服务业增加值"指标与"国际市场占有率"指标相比较	
		"生产性服务业产值占GDP的比重"指标与"贸易竞争优势指数"指标相比较	
		"生产性服务业产值占GDP的比重"指标与"显示性比较优势指数"指标相比较	
		"生产性服务业产值占GDP的比重"指标与"国际市场占有率"指标相比较	

续表

层次		相比较的两个指标	标度值
指标层	市场拓展能力	"贸易竞争优势指数"指标与"显示性比较优势指数"指标相比较	
		"贸易竞争优势指数"指标与"国际市场占有率"指标相比较	
		"显示性比较优势指数"指标与"国际市场占有率"指标相比较	
	产业竞争实力	"研发人员强度"指标与"研发经费强度"指标相比较	
		"研发人员强度"指标与"自主创新能力"指标相比较	
		"研发人员强度"指标与"生产性服务业劳动生产率"指标相比较	
		"研发人员强度"指标与"产业集聚程度"指标相比较	
		"研发人员强度"指标与"生产性服务业资本生产率"指标相比较	
		"研发人员强度"指标与"生产性服务业贸易依存度"指标相比较	
		"研发人员强度"指标与"生产性服务业外资依存度"指标相比较	
		"研发经费强度"指标与"自主创新能力"指标相比较	
		"研发经费强度"指标与"生产性服务业劳动生产率"指标相比较	
		"研发经费强度"指标与"产业集聚程度"指标相比较	
		"研发经费强度"指标与"生产性服务业资本生产率"指标相比较	
		"研发经费强度"指标与"生产性服务业贸易依存度"指标相比较	

续表

层次		相比较的两个指标	标度值
指标层	产业竞争实力	"研发经费强度"指标与"生产性服务业外资依存度"指标相比较	
		"自主创新能力"指标与"生产性服务业劳动生产率"指标相比较	
		"自主创新能力"指标与"产业集聚程度"指标相比较	
	产业竞争实力	"自主创新能力"指标与"生产性服务业资本生产率"指标相比较	
		"自主创新能力"指标与"生产性服务业贸易依存度"指标相比较	
		"自主创新能力"指标与"生产性服务业外资依存度"指标相比较	
		"生产性服务业劳动生产率"指标与"产业集聚程度"指标相比较	
		"生产性服务业劳动生产率"指标与"生产性服务业资本生产率"指标相比较	
		"生产性服务业劳动生产率"指标与"生产性服务业贸易依存度"指标相比较	
		"生产性服务业劳动生产率"指标与"生产性服务业外资依存度"指标相比较	
		"生产性服务业资本生产率"指标与"产业集聚程度"指标相比较	
		"生产性服务业资本生产率"指标与"生产性服务业贸易依存度"指标相比较	
		"生产性服务业资本生产率"指标与"生产性服务业外资依存度"指标相比较	

续表

层次		相比较的两个指标	标度值
指标层	产业竞争实力	"产业集聚程度"指标与"生产性服务业贸易依存度"指标相比较	
		"产业集聚程度"指标与"生产性服务业外资依存度"指标相比较	
		"生产性服务业贸易依存度"指标与"生产性服务业外资依存度"指标相比较	
	产业竞争潜力	"就业情况"指标与"人口结构素质"指标相比较	
		"就业情况"指标与"固定资产投资总额"指标相比较	
		"就业情况"指标与"外商直接投资"指标相比较	
		"就业情况"指标与"城市化水平"指标相比较	
		"就业情况"指标与"制造业的中间需求"指标相比较	
		"就业情况"指标与"人均可支配收入"指标相比较	
		"人口结构素质"指标与"工业化程度"指标相比较	
		"人口结构素质"指标与"固定资产投资总额"指标相比较	
		"人口结构素质"指标与"外商直接投资"指标相比较	
		"人口结构素质"指标与"城市化水平"指标相比较	
		"人口结构素质"指标与"制造业的中间需求"指标相比较	
		"人口结构素质"指标与"人均可支配收入"指标相比较	
		"人口结构素质"指标与"工业化程度"指标相比较	
		"固定资产投资总额"指标与"外商直接投资"指标相比较	
		"固定资产投资总额"指标与"城市化水平"指标相比较	
		"固定资产投资总额"指标与"制造业的中间需求"指标相比较	
		"固定资产投资总额"指标与"人均可支配收入"指标相比较	

续表

层次		相比较的两个指标	标度值
指标层	产业竞争潜力	"外商直接投资"指标与"城市化水平"指标相比较	
		"外商直接投资"指标与"制造业的中间需求"指标相比较	
		"外商直接投资"指标与"人均可支配收入"指标相比较	
		"城市化水平"指标与"制造业的中间需求"指标相比较	
		"城市化水平"指标与"人均可支配收入"指标相比较	
		"制造业的中间需求"指标与"人均可支配收入"指标相比较	
	环境支撑能力	"第一产业劳动生产率"指标与"第二产业劳动生产率"指标相比较	
		"第一产业劳动生产率"指标与"第三产业劳动生产率"指标相比较	
		"第一产业劳动生产率"指标与"政府的公共服务水平"指标相比较	
		"第一产业劳动生产率"指标与"市场化指数"指标相比较	
		"第一产业劳动生产率"指标与"企业诚信程度评价"指标相比较	
		"第一产业劳动生产率"指标与"公民的文化素质与文明程度评价"指标相比较	
		"第一产业劳动生产率"指标与"服务贸易壁垒"指标相比较	
		"第一产业劳动生产率"指标与"贸易自由度"指标相比较	
		"第二产业劳动生产率"指标与"第三产业劳动生产率"指标相比较	
		"第二产业劳动生产率"指标与"政府的公共服务水平"指标相比较	
		"第二产业劳动生产率"指标与"市场化指数"指标相比较	

续表

层次		相比较的两个指标	标度值
指标层	环境支撑能力	"第二产业劳动生产率"指标与"企业诚信程度评价"指标相比较	
		"第二产业劳动生产率"指标与"公民的文化素质与文明程度评价"指标相比较	
		"第二产业劳动生产率"指标与"服务贸易壁垒"指标相比较	
		"第二产业劳动生产率"指标与"贸易自由度"指标相比较	
		"第三产业劳动生产率"指标与"政府的公共服务水平"指标相比较	
		"第三产业劳动生产率"指标与"市场化指数"指标相比较	
		"第三产业劳动生产率"指标与"企业诚信程度评价"指标相比较	
		"第三产业劳动生产率"指标与"公民的文化素质与文明程度评价"指标相比较	
		"第三产业劳动生产率"指标与"服务贸易壁垒"指标相比较	
		"第三产业劳动生产率"指标与"贸易自由度"指标相比较	
		"政府的公共服务水平"指标与"市场化指数"指标相比较	
		"政府的公共服务水平"指标与"企业诚信程度评价"指标相比较	
		"政府的公共服务水平"指标与"公民的文化素质与文明程度评价"指标相比较	
		"政府的公共服务水平"指标与"服务贸易壁垒"指标相比较	
		"政府的公共服务水平"指标与"贸易自由度"指标相比较	
		"市场化指数"指标与"企业诚信程度评价"指标相比较	
		"市场化指数"指标与"公民的文化素质与文明程度评价"指标相比较	

续表

层次		相比较的两个指标	标度值
指标层	环境支撑能力	"市场化指数"指标与"服务贸易壁垒"指标相比较	
		"市场化指数"指标与"贸易自由度"指标相比较	
		"企业诚信程度评价"指标与"公民的文化素质与文明程度评价"指标相比较	
		"企业诚信程度评价"指标与"服务贸易壁垒"指标相比较	
		"企业诚信程度评价"指标与"贸易自由度"指标相比较	
		"公民的文化素质与文明程度评价"指标与"服务贸易壁垒"指标相比较	
		"公民的文化素质与文明程度评价"指标与"贸易自由度"指标相比较	
		"服务贸易壁垒"指标与"贸易自由度"指标相比较	

注：根据在不同方面所产生的影响的相对重要性及判断矩阵的标度、含义确定两个相互比较的指标的标度值。

二、生产性服务业国际竞争力评价体系各指标合理性调查

填表说明：打分时不需给出具体分值，只需在认为最合适的某一级别打钩即可。

附表 B-3　生产性服务业国际竞争力评价体系各指标合理性专家打分表

定性指标	评语集									
	指标合理					指标不合理				
	很好	较好	一般	较差	很差	很好	较好	一般	较差	很差
生产性服务业增加值 C_1										
生产性服务业产值占 GDP 的比重 C_2										
贸易竞争优势指数 C_3										
显示性比较优势指数 C_4										

续表

定性指标	评语集									
	指标合理					指标不合理				
	很好	较好	一般	较差	很差	很好	较好	一般	较差	很差
国际市场占有率 C_5										
研发人员强度 C_6										
研发经费强度 C_7										
自主创新能力 C_8										
生产性服务业劳动生产率 C_9										
生产性服务业资本生产率 C_{10}										
产业集聚程度 C_{11}										
生产性服务业贸易依存度 C_{12}										
生产性服务业外资依存度 C_{13}										
就业情况 C_{14}										
人口结构素质 C_{15}										
固定资产投资总额 C_{16}										
外商直接投资 C_{17}										
城市化水平 C_{18}										
制造业的中间需求 C_{19}										
人均可支配收入 C_{20}										
工业化程度 C_{21}										
第一产业劳动生产率 C_{22}										
第二产业劳动生产率 C_{23}										
第三产业劳动生产率 C_{24}										
政府的公共服务水平 C_{25}										
市场化指数 C_{26}										

续表

定性指标	评语集									
	指标合理					指标不合理				
	很好	较好	一般	较差	很差	很好	较好	一般	较差	很差
企业诚信程度评价 C_{27}										
公民的文化素质与文明程度评价 C_{28}										
服务贸易壁垒 C_{29}										
贸易自由度 C_{30}										

参考文献

[1] 保罗·克鲁格曼. 克鲁格曼国际贸易新理论 [M]. 北京：中国社会科学出版社, 2001: 14-22.

[2] 毕斗斗. 生产服务业发展研究 [M]. 北京：经济科学出版社, 2009.

[3] 陈健, 史修松. 产业关联、行业异质性与生产性服务业发展 [J]. 产业经济研究, 2008 (6): 16-22.

[4] 陈新军. 海洋渔业资源可持续利用评价 [D]. 南京农业大学博士学位论文, 2001.

[5] 陈艳莹, 王丽. 生产性服务业国际竞争力的影响因素——多国面板数据的实证研究 [J]. 经济问题探索, 2011 (9): 181-185.

[6] 成丹, 赵放. 中国生产性服务贸易与中间产品贸易关系——基于行业面板数据的考察 [J]. 国际经贸探索, 2011, 27 (11): 20-25.

[7] 程大中. 中国生产性服务业的水平、结构及影响——基于投入—产出法的国际比较研究 [J]. 经济研究, 2008 (1): 76-88.

[8] 大卫·李嘉图. 政治经济学及赋税原理 [M]. 北京：光明日报出版社, 2009.

[9] 杜栋, 庞庆华. 现代综合评价方法与案例精选 [M]. 北京：清华大学出版社, 2005.

[10] 樊纲, 王小鲁, 张立文. 中国各地区市场化进程报告 [J]. 中国市场, 2001 (6): 58-61.

[11] 范陈玉, 许如贞, 朱孔山. 基于因子和聚类分析的区域生产性服务业发展的主因素识别及发展水平聚类研究——以山东省为例 [J]. 产业经济评论, 2013, 12 (2): 117-128.

[12] 封旭红. 中国服务业国际竞争力实证分析 [J]. 中国商人（经济理论研

究），2005（8）：13-15+25.

［13］冯梅.全球产业转移与提升我国产业结构水平［J］.管理世界,2009（5）：172-173.

［14］冯泰文.生产性服务业的发展对制造业效率的影响——以交易成本和制造成本为中介变量［J］.数量经济技术经济研究，2009，26（3）：56-65.

［15］高传胜，李善同.中国生产者服务：内容、发展与结构——基于中国1987-2002年投入产出表的分析［J］.现代经济探讨，2007（8）：68-72.

［16］高浩.提升我国服务业国际竞争力的研究［J］.中国商界（下半月），2009（4）：195.

［17］高汝熹等.上海大都市圈结构与功能体系研究［M］.上海：上海三联书店，2007.

［18］顾国达，周蕾.全球价值链角度下我国生产性服务贸易的发展水平研究——基于投入产出方法［J］.国际贸易问题，2010（5）：61-69.

［19］郭京福，杨德礼.数据包络分析方法综述［J］.大连理工大学学报，1998（2）：3-5.

［20］郭京福.产业竞争力研究［J］.经济论坛，2004（14）：32-33.

［21］胡国平，徐显峰，刘军，刘晓博.都市生产性服务业外向发展机制及影响因素——基于我国15个副省级城市1999—2008年面板数据的研究［J］.宏观经济研究，2012（3）：40-47.

［22］胡昭玲.中国服务业国际竞争力现状与提升对策分析［J］.国际贸易问题，2006（7）：78-83.

［23］黄莉芳，黄良文，洪琳琳.基于随机前沿模型的中国生产性服务业技术效率测算及影响因素探讨［J］.数量经济技术经济研究，2011，28（6）：120-132.

［24］黄鹏.我国服务业的国际竞争力以及入世后的发展前景分析［J］.国际经贸探索，2003（1）：47-50.

［25］霍景东，夏杰长.现代服务业研究开发竞争力的国际比较［J］.中国软科学，2007（10）：8-14.

［26］江泽民在中国共产党十五大上的报告［EB/OL］.http：//www.china.com.cn/zyjy/2009-07/13/content_18122516.htm.

［27］金碚，胥和平，谢晓霞.我国各类产业的国际竞争态势［J］.经济研究参考，1997（68）：37-38.

［28］金碚，李钢.竞争力研究的理论、方法与应用［J］.综合竞争力，2009

（1）：4-9.

［29］金碚.经济学对竞争力的解释［J］.经济管理，2002（22）：4-12.

［30］李创.产业国际竞争力理论模型研究［J］.当代经济管理，2006（2）：26-32.

［31］李冠霖.第三产业投入产出分析——从投入产出的角度看第三产业产业关联与产业波及特征［M］.北京：中国物价出版社，2001.

［32］李江帆，毕斗斗.国外生产服务业研究述评［J］.外国经济与管理，2004（11）：16-19+25.

［33］李江帆，朱胜勇."金砖四国"生产性服务业的水平、结构与影响——基于投入产出法的国际比较研究［J］.上海经济研究，2008（9）：3-10.

［34］李江帆.第三产业与两大部类的关系试析［J］.改革，1986（3）：54-56.

［35］李江帆.略论服务消费品［J］.华南师院学报（社会科学版），1981（3）：32-37.

［36］李军.我国服务业国际竞争力分析［J］.经济问题，2004（5）：27-29.

［37］李霞，唐丁祥，柯小为.我国人力资本与生产性服务贸易竞争力相关性研究——基于行业角度的实证分析［J］.管理评论，2010，22（5）：56-62.

［38］李兴文.中国服务业国际竞争力之比较分析与发展思路［J］.商讯商业经济文荟，2004（5）：27-30.

［39］刘名俭，唐静.旅游产业竞争力提升的动力机制研究［J］.经济管理，2010，32（12）：104-110.

［40］刘书瀚，贾根良，刘小军.出口导向型经济：我国生产性服务业落后的根源与对策［J］.经济社会体制比较，2011（3）：138-145.

［41］刘曙华.生产性服务业集聚与区域空间重构［M］.北京：经济科学出版社，2012.

［42］刘用功，林善浪.提升我国服务业国际竞争力［J］.发展研究，2004（10）：50-52.

［43］路红艳.生产性服务与制造业结构升级——基于产业互动、融合的视角［J］.财贸经济，2009（9）：126-131.

［44］吕拉昌，阎小培.论生产服务业的若干理论问题［J］.地理与地理信息科学，2006（6）：54-57.

［45］吕政，刘勇，王钦.中国生产性服务业发展的战略选择——基于产业互

动的研究视角［J］. 中国工业经济, 2006（8）: 5-12.

［46］马风华. 发达国家第二产业生产服务业的水平、结构及影响——基于投入产出分析法［J］. 国际经贸探索, 2012, 28（6）: 46-54.

［47］马克思. 政治经济学批判大纲（第三分册）［M］. 北京：人民出版社, 1963.

［48］迈克尔·波特. 国家竞争优势［M］. 李明轩, 邱如美译. 北京：中信出版社, 2002: 66-68.

［49］迈克尔·波特. 国家竞争优势［M］. 李明轩, 邱如美译. 北京：中信出版社, 2007: 37-39.

［50］聂聆, 骆晓婷. "金砖四国"生产性服务贸易结构与竞争力研究［J］. 中央财经大学学报, 2011（3）: 67-72+79.

［51］牛一. 中国生产性服务业与制造业协调发展研究［D］. 北京邮电大学博士学位论文, 2013.

［52］潘江玲, 赵卫东. 中国服务业国际竞争力的实证研究［J］. 乡镇企业研究, 2004（5）: 64-66.

［53］庞娟. 提高我国产业国际竞争力初探［J］. 广西商业高等专科学校学报, 2001（1）: 1-2.

［54］裴长洪, 彭磊. 中国服务业与贸易［M］. 北京：社会科学文献出版社, 2008.

［55］裴长洪, 王镭. 试论国际竞争力的理论概念与分析方法［J］. 中国工业经济, 2002（4）: 41-45.

［56］裴长洪. 利用外资与产业竞争力［M］. 北京：社会科学文献出版社, 1998.

［57］邱伟强. 中国服务业国际竞争力现状与对策［J］. 发展研究, 2007（4）: 80-82.

［58］芮明杰, 富立友, 陈晓静. 产业国际竞争力评价理论与方法［M］. 上海：复旦大学出版社, 2010.

［59］芮明杰, 陶志刚. 中国产业竞争力报告［M］. 上海：上海人民出版社, 2004.

［60］芮明杰, 赵小芸等. 产业发展与结构转型研究——上海生产性服务业与先进制造业动态匹配研究［M］. 上海：上海财经大学出版社, 2012.

［61］芮明杰. 大力发展嵌入式生产性服务业［J］. 上海国资, 2012（4）: 33-

34.

[62] 沈家文.生产性服务业与中国产业结构演变关系的量化研究[M].北京:经济管理出版社,2012.

[63] 沈家文.中国房地产业生产性服务特征的实证分析[J].经济研究导刊,2010(16):152-155+163.

[64] 史小芳,李小红.中国服务业国际竞争力的实证分析[J].科学之友(B版),2007(12):145-146.

[65] 苏东水.产业经济学[M].北京:高等教育出版社,2004.

[66] 汪斌,金星.生产性服务业提升制造业竞争力的作用分析——基于发达国家的计量模型的实证研究[J].技术经济,2007(1):44-47.

[67] 汪素芹,胡玲玲.我国生产性服务贸易的发展及国际竞争力分析[J].国际商务(对外经济贸易大学学报),2007(6):11-17.

[68] 汪素芹,孙燕.中国生产性服务贸易发展及其结构分析[J].商业经济与管理,2008(11):62-67.

[69] 王朝阳,何德旭.英国金融服务业的集群式发展:经验及启示[J].世界经济,2008(3):89-95.

[70] 王建冬,康大臣,刘洋.第四代生产性服务业:概念及实践意义[J].中国科学院院刊,2010,25(4):381-388.

[71] 王影,石凯.提升我国生产性服务贸易竞争力的实证研究[J].工业技术经济,2013,32(10):32-39.

[72] 魏世灼.产业国际竞争力理论基础及影响因素探究[J].黑龙江对外经贸,2010(10):46-48.

[73] 吴德胜.数据包络分析若干理论和方法研究[D].中国科学技术大学博士学位论文,2006.

[74] 吴智刚,段杰,阎小培.广东省生产性服务业的发展与空间差异研究[J].华南师范大学学报(自然科学版),2003(3):131-139.

[75] 下河边淳,管家茂.现代日本经济事典[M].北京:中国社会科学出版社,1982.

[76] 夏杰长,刘奕,顾乃华.制造业的服务化和服务业的知识化[J].国外社会科学,2007(4):8-13.

[77] 夏杰长.中国服务业三十年:发展历程、经验总结与改革措施[J].首都经济贸易大学学报,2008(6):42-51.

［78］熊永柱.海岸带可持续发展评价模型及其应用研究［D］.中国科学院研究生院（广州地球化学研究所）博士学位论文，2007.

［79］亚当·斯密.国富论［M］.唐日松等译，北京：华夏出版社，2005.

［80］阎小培，姚一民.广州第三产业发展变化及空间分布特征分析［J］.经济地理，1997（2）：41-48.

［81］杨玲.人力资本的提升对发展生产者服务业贡献因子的深度探究［J］.科技管理研究，2010，30（2）：104-106+98.

［82］杨小凯.发展经济学：超边际与边际分析［M］.北京：社会科学文献出版社，2003：82.

［83］姚为群.生产性服务——服务经济形成与服务贸易发展的原动力［J］.世界经济研究，1999（3）：3-5.

［84］叶振宇，宋洁尘.国际城市生产性服务业的发展经验及其对滨海新区的启示——以纽约、伦敦和东京为例［J］.城市，2008（9）：17-21.

［85］余道先，刘海云.中国生产性服务贸易结构与贸易竞争力分析［J］.世界经济研究，2010（2）：49-55+88.

［86］原毅军，耿殿贺，张乙明.技术关联下生产性服务业与制造业的研发博弈［J］.中国工业经济，2007（11）：80-87.

［87］张超.提升产业竞争力的理论与对策探微［J］.宏观经济研究，2002（5）：51-54.

［88］张国齐.科技创新与现代服务业融合互动发展的实践与思考［J］.科技创业月刊，2012，25（6）：4-7+22.

［89］张金昌.国际竞争力评价的理论与方法［M］.北京：经济科学出版社，2002.

［90］张铁男，罗晓梅.对产业国际竞争力分析框架的理论研究［J］.工业技术经济，2005（7）：49-50.

［91］张琰.模块化网络状产业链中知识创新理论模型研究［J］.华东师范大学学报（哲学社会科学版），2012，44（3）：62-68+153.

［92］张彦志，王斐婷.谈生产性服务贸易对提高货物贸易效益的作用［J］.商业时代，2009（22）：32+58.

［93］张益丰，刘东，侯海菁.生产者服务业产业集聚与产业升级的有效途径——基于政府规制视角的理论阐述［J］.世界经济研究，2009（9）：3-7+22+87.

［94］赵洪斌.论产业竞争力——一个理论综述［J］.当代财经，2004（12）：

67-70.

［95］赵书华，韩菲.中国计算机与信息服务贸易竞争力的国际比较——基于竞争力指标的比较分析［J］.经济论坛，2009（3）：35-38.

［96］中央编译局.马克思恩格斯全集（第二十一卷）［M］.北京：人民出版社，2003.

［97］钟韵.西方地理学视角下的生产性服务贸易研究进展［J］.人文地理，2010，25（3）：5-9.

［98］周健.加速实现产业信息化 迎接加入 WTO 的挑战［J］.河北冶金，2001（6）：44-47.

［99］周静.生产性服务业的发展模式研究［J］.上海经济研究，2015（1）：50-58.

［100］周蕾，郑吉昌.服务业国际竞争力的聚类分析［J］.科技进步与对策，2005（12）：84-86.

［101］周蕾，朱开明.中国服务业国际竞争力的指标评价［J］.浙江树人大学学报，2005（2）：48-51+98.

［102］朱建国，苏涛，王骏翼.产业国际竞争力内涵初探［J］.世界经济文汇，2001（1）：62-65.

［103］朱胜勇，蓝文妍.第三产业生产服务研究［M］.北京：经济科学出版社，2013.

［104］朱小娟.产业竞争力研究的理论、方法和应用［D］.首都经济贸易大学博士学位论文，2004.

［105］邹昊，段晓强，杨锡怀，孙琦.技术关联：一个概念性的研究综述［J］.管理世界，2006（2）：154-155+158.

［106］Amiti M, Shang JinWei. Service of Shoring and Productivity: Evidence from the United States［J］.The International Trade Journal, 2006（1）：7-14.

［107］B. Ohlin. Interregional and International Trade［M］.Harvard University Press, 1933.

［108］Bailly A. Producer Services and Flexible Production: An Fairbairn the Location of Producer Services in Edmonton［J］.Professional Geographer, 1995（7）：7-14.

［109］Barrt R. Economic Growth in a Gross Section of Countries［J］.Quarterly Journal of Economics, 1991（106）：407-443.

［110］Bergman E. In Pursuit of Innovative Clusters: Main Findings from the OECD

Cluster focus Group [R] .Paper for NIS Conference on Network-and Cluster Oriented Policies, Vienna, 2001.

[111] Coffey J. Service Industris and Economic Development: An International Comparison[J] .Bailly Growth & Change, 1991 (4): 7-14.

[112] Demizu Sho. Control of Information Services in Libraries in Toray Industries, Inc. On the Occasion of the Electronic Journal Introduction. [J] . Journal of Information Processing and Management, 2001, 44 (9): 7-14.

[113] Ellen J. Eisner, Eric G. Zook, Nina Goodman, Everly Macario. Knowledge, Attitudes, and Behavior of Women Ages 65 and Older on Mammography Screening and Medicare: Results of a National Survey [J] . Women & Health, 2002, 36 (4): 7-14.

[114] Francois J. F. Producer Service, Scale, and the Division of Labor [J] . Oxford University Papers, 1990, 42(4): 715-729.

[115] Fritz Machlup. The Production and Distribution of Knowledge in the United States [M]. Princeton University Press, 1972.

[116] Goodman B., Steadman R. Services: Business Demand Rivals Consumer Demand in Driving Job Growth [J]. Monthly Labor Review, 2002 (4): 2-16.

[117] Gorg H., Haley A. and Strol E. Productivity Effect of International Outsourcing: Evidence from Plant Level Data[R] . 2008.

[118] Greenfield H. Manpower and the Growth of Service [M] . New York Columbia University Press, 1996.

[119] Griliches Z. Output Measurement in the Service Sectors [M] . Chicago: The University of Chicago Press, 1992.

[120] Grubel H. G., Walker M. A. Service Industry Growth-Causes and Effects [M]. The Fraser Institute, 1989.

[121] Grubel H. G., Walker M. A. Service Industry Growth-Causes and Effects[J] . The Fraser Institute, 1989 (1): 187-205.

[122] Gruble H.G., Walker M.A. Service Industry Growth-Causes and Effects [J]. Social Sciences in China, 1989 (1): 7-14.

[123] Guerrieri P. and Meliciani V. Structural Change and Economic Dynamics [J]. Journal of Advanced Nursing, 2005 (4): 7-14.

[124] Hanse M. T. , Birkinshaw J. The innovation Value Chain [J] .Harvard Business Review, 2007, 85 (6): 121.

[125] Hansen N. Impacts of Small- and Intermediate-sized Cities on Population Distribution: Issues and Responses[J]. Regional Development Dialogue, 1990, 11(1): 7-14.

[126] IMD. The 1996 Year Book of World Competitiveness Report [R]. 1996.

[127] James R. Markusen, Anthony J. Venables. Multinational firms and the new trade theory [J]. Journal of International Economics, 1998, 46(2): 9-11.

[128] Katouzian M. A. The Development of the Service Sector: A New Approach[J]. Oxford Economic Papers, 1970(22): 362-382.

[129] Kenneth E. Crocker. The Influence of the Amount and Type of Information on Individuals' Perception of Legal Services [J]. Journal of the Academy of Marketing Science, 1986, 14(4): 7-14.

[130] Lawrence P. R., J. W. Lorsch. Organization and Environment: Managing Differentiation and Integration [M]. Harvard University Press, 1967.

[131] M. Toivonen. Long-term Development and Future Prospects of Knowledge-intensive Business Services [M]. New York Columbia University Press, Expertise as Business, 2004.

[132] M. V. Posner. International Trade and Technical Change [R]. Oxford Economic Papers, 1961.

[133] James R. Markusen. Trade in Producer Services and in Other Specialized intermediate Inputs [J]. The American Economic Review, 1982(3): 46-65.

[134] Marshall J.N. Services and Uneven Development [M]. Oxford University Press, 1988.

[135] Michael E. Porter. Cluster and New Economics of Competition [J]. Harvard Business Review, 1998(1): 77-90.

[136] Mike Hart BA (Econ) MSc FSS MInstM MIDPM MBCS. Incorporating Outpatient Perceptions into Definitions of Quality [J]. Journal of Advanced Nursing, 1996, 24(6): 7-14.

[137] Nelson R. R. National Innovation Systems: A Comparatives Analysis [M]. Oxford University Press, 1993.

[138] Ochel W., Manfred W. Service Economics in Europe [R]. Westview, 1987.

[139] P. Krugman, E. Helpman. Trade Policy and Market Structure [M]. MIT Press, 1989.

[140] Paolo Guerrieri, Denise Dimon. The Trade Regionalism of the United States and the European Union: Cooperative or Competitive Strategies? [J]. The International

Trade Journal, 2006, 20 (2): 7-14.

[141] Perter W. Daniels: Service Industries: Growth and Location [M]. New York: Cambridge University Press, 1982.

[142] Polanyi M. In Criteria for Scientific Development: Public Policy and National Goals [M]. MIT Press, 1968.

[143] Quantzig. Launching New Services with the Help of Predictive Modeling Techniques – A Case Study by Quantzig [J]. Journal of Engineering, 2018 (1): 7-14.

[144] R. Vernon. The Product Cycle Hypothesis in a New International Environment [J]. Oxford Bullletin of Economics and Statistics, 1979 (11): 7-14.

[145] Report of the Editor. American Economic Review [J]. The American Economic Review, 1989, 79 (2): 7-14.

[146] Sagari, Silvia. International Trade in Financial Service [R]. PPR Working Paper Series, 1989.

[147] Se-Hark Park. Intersectoral Relationships between Manufacturing and Services: New Evidence from Selected Pacific Basin Countries [J]. ASEAN Economic Bulletin, 1994, 10 (3): 7-14.

[148] Stanback T. M., Bearse P., Noyelle T. and Karasek R. Services: The New Economy [J]. Totowa, 1981 (1): 7-14.

[149] The Emergence of a Service Elite in Bengal in the Second Hale of the Eighteenth Century: A New Dimension of Collaboration [J]. Proceedings of the Indian History Congress, 1975 (1): 36.

[150] Uno K. Measurement of Services in an Input-Output Framework [M]. Elsevier Sciences Publishers, 1989.

[151] W. R. Goe. Producer Services, Trade and the Social Division of Labour [J]. Regional Studies, 1990, 24 (4): 7-14.

[152] WEF. Global Competitiveness Report 2004-2005 [R]. 2004

[153] World Bank. World Development Report 1989: Financial Systems and Development [J]. World Development Indicators, 1986 (1): 7-14.